Segler **GUSTAFS** heile Welt
Wolfgang J. Krauss

Wolfgang J. Krauss

Segler GUSTAFS heile Welt

Delius Klasing Verlag

ISBN 3-7688-0494-1

© Copyright by Delius, Klasing & Co, Bielefeld
Printed in Germany 1985
Zeichnungen: Kurt Schmischke
Gesamtherstellung:
Kunst- und Werbedruck, Bad Oeynhausen

Inhalt

Eine Übersicht aller in unserem Verlag erschienenen KRAUSS-Bücher befindet sich auf Seite 96.

Vorwort

Als GUSTAF-Autor Krauss uns für das vorliegende Buch den Titel „Segler Gustafs heile Welt" empfahl, verschlug es uns fast die Sprache – hatte er doch bisher die Zustände auf dem Wasser immer recht bissig kritisiert. Sollte er etwa eine heile Welt in Anführungszeichen meinen? Oder glaubte er gar herausgefunden zu haben, daß seine Wasserwelt immer noch die heilste aller sonst zur Verfügung stehenden Welten war? Wir wollten es genau wissen und befragten ihn. Was er uns antwortete, setzte uns in Erstaunen: Aus dem Saulus schien ein Paulus geworden zu sein! Natürlich, so Krauss, sei auf dem Wasser vieles nicht in Ordnung und bedürfe dringend der Besserung. Aber wo sonst denn könne man so allein sein wie auf See? Wo sonst als auf eigenen Planken habe man noch die Freiheit, seine Urlaubsreise nach persönlichen Wünschen zu gestalten, seine Route täglich zu wechseln und die Begleitung nach eigenem Geschmack zu wählen? Und schließlich – wo anders als beim Segeln könne man noch so intensiv mit der Natur verbunden sein, ohne sie zu gefährden oder gar zu zerstören? Ob Saulus oder Paulus – Krauss schien es ehrlich zu meinen. Es klang – bei aller Bitterkeit mancher seiner kritischen Essays – fast wie eine schamhaft versteckte Liebeserklärung an den Wassersport. Also eine heile Welt ohne Anführungszeichen ...?

Das mag ein jeder auslegen wie er will, sagte Krauss. Aber dann wurde er doch konkreter: Gewissermaßen als Kurzfassung seiner eigenen Lebensphilosophie empfiehlt er der schippernden Lesergemeinde, aus der schönen Wasserfahrerei nur keinen tierisch ernsten Akt der Perfektion zu machen. Vieles deutet auf eine zunehmende Tendenz in dieser Richtung hin – nicht zuletzt die überbordende Technik, die auf mancher Yacht kaum noch Raum für eigene Entschlüsse läßt. Segeln muß aber Vergnügen bleiben! Deshalb sollte jeder Skipper, wo immer es geht, den Ernst der Seefahrt mit der Heiterkeit des Genießens verbinden.

Wir meinen, daß dies eine wunderschöne und zeitgemäße Maxime ist und möchten dem nichts hinzufügen.

Der Verlag

Rasch-Auer

Was es genau bedeutet, weiß Gustaf nicht, aber alle nennen es so: „Rasch-Auer" − das hektische Verkehrsgetriebe nach Dienstschluß. Jeder möchte schließlich gerne „rasch" nach Hause, auch Gustaf.

Was heißt hier „möchte"? Mögen möchte Gustaf schon, man blots nich nach Hause, sondern zu seiner SINDBAD, und das 'n büschen dalli. Verkehrsstau am Dreiecksplatz ... ? Stört ihn nicht; er fährt Fahrrad. Fest in die Pedale treten, bei roten Ampeln absitzen und schieben, keine Pause einlegen, jede Minute ist kostbar. Den Karolinenweg abwärts zum Yachthafen saust der Drahtesel gute 40. Aber dann muß der Skipper voll in die Bremse steigen, um nicht in der Förde zu landen.

Warum er es so eilig hat? Mann, was für 'ne dämliche Frage! Segeln will er! Der Feierabendschlag nach Friedrichsort lockt, das Abendbrot an Bord, danach 'ne Buddel Export und 'ne Brasil vom ollen Dannemann. Das ist Leben! Dafür lohnt es sich, nach dem Dienst auf dem Veloziped durch die verstopfte Stadt zu hetzen. Oder ... ?

Frieda und Julchen sind längst an Bord. Das heißt: teilweise. Frieda sitzt im Cockpit und strickt an einem Pulli, den niemand je tragen wird. Ja, und Julchen klüst mit ihrer Jolle im Hafenbecken umher und hofft inständig, daß der Skipper nicht von ihr verlangt, auf der dicken SINDBAD mitzusegeln. Dickschiffsegeln ist für einen Sponti wie Julchen „echt Asche", also das Letzte.

Gustaf ist derweilen in die friedliche Feierabendidylle eingebrochen wie eine Rotte Sauen in den Rübenacker. Mann, da quält man sich ab, um mit dem Flitzer in der Rasch-Auer „rasch" zum Hafen zu kommen. Und dann dieses! Dat Kahnweib stur am Häkeln, und die Göre mit dem verdammten Dingi mittenmang zwischen den Yachten. Wo er ihr doch schon zu und zu oft gesagt hat, daß im Hafen nicht gesegelt werden darf. Und überhaupt! Warum haben die Weiber nicht längst dat Schipp segelklar gemacht? − Grimmig raunzt er sein Ehegespons an, das darob verschreckt das Wollknäuel unter Deck verschwinden und ihr Auge umherschweifen läßt, um Julchen irgendwo zwischen den Pfählen der großen Pötte zu entdecken.

Die schöne Hafenstimmung ist im Eimer. Wenn den Alten die Rasch-Auer gepackt hat, hält man besser den Mund. Frieda schaudert, wenn sie daran denkt, was jetzt folgen wird. Es ist jedesmal das gleiche Ritual: Obwohl Gustafs Hals noch mit Schlips und Kragen für den Berufskampf gerüstet ist und unterwärts die Fahrradklammern an den Hosenbeinen

Tour de force langsam zu entspannen. Querab vom Arsenal stehen alle Plünnen korrekt. Gustaf kann den Jockel abstellen. Er lehnt sich zufrieden zurück: Endlich hat er Ruhe!

Frieda muß nur noch Teewasser aufsetzen, ein paar Brote schmieren, für den Chef zwei Bierbuddeln aus der kühlen Bilge fischen und dann seine verkramten Bootsschuhe aus der Backskiste zaubern. Danach kann auch sie ausruhen. Jedenfalls bis zum nächsten Segelmanöver. Dann muß sie mit Julchen natürlich wieder zur Verfügung stehen.

In solchen Augenblicken meinen die Mädchen, es wäre besser, zwischen hungrigen Piranhas zu baden, als mit solchem Tyrannen wie Gustaf zu segeln. Aber ob er das weiß? Wohl kaum.

Frieda hat sich schon oft gefragt, warum sie ausgerechnet einen Segler heiraten mußte. Dazu noch einen vom Schlage Gustafs. Wie ruhig geht dagegen alles auf Heinis SEEMÖVE zu. Dort dauert es zwar eine Stunde, bis sie auslaufen können. Dafür aber verläuft alles schön bedächtig ohne Gebrüll und Hektik. Ehrlich — manchmal glaubte sie ihr Leben ganz falsch angepackt zu haben. Doch dann tröstet sie sich mit dem Gedanken, daß es die „vollkommene Ehe" in Wirklichkeit gar nicht gibt. Zumindest nicht auf dem Wasser.

Merke: „Keine Ehe ist vollkommen", sagte die frischgetraute Ehefrau, als sie ihrem Gatten während der Hochzeitsfeier eine Flasche auf dem Kopf zertrümmerte.

noch von seinem Ringen mit dem Stahlroß zeugen, läßt er ohne Verzug SIND-BADS Leinen kappen. Frieda muß den Riemen auf die Scheibe werfen, und ab geht's mit voller Pulle unter Motor. Nur raus aus dem Hafenmief! Umziehen, Fock anschlagen, Segel setzen — alles kann unterwegs erledigt werden. Nur keine Zeit verlieren! Jede Freizeitminute ist kostbar.

Und während der Skipper seine SIND-BAD mit nerviger Faust Richtung Heikendorf steuert, hüpfen die Mädchen wie dressierte Kapuzineräffchen von Mast zu Mast, um den Alten bei seiner

Segeln mit Hugo

Herr Dr. Stoltenfoth ist Julchens Lehrer in Biologie und Physik. Da sie auf Bio und Fü „absolut keinen Bock" hat, sind ihre Leistungen darin entsprechend. Und Herr Stoltenfoth ist für sie „sowas von behämmert". Jedenfalls bis zum Klassenausflug nach Malente. Da marschiert sie zufällig neben ihm und erzählt vom Segeln. Wie groß die SINDBAD denn ist, will der Lehrer wissen, und wie viele Kojen sie hat. Es stellt sich heraus, daß er ebenfalls segelt. Den A-Schein hat er schon, aber er möchte gern mal einen Seetörn machen. „Komme doch bei uns mit", sagt Julchen, was der Doktor als konkrete Einladung auffaßt. Wann denn, will er wissen. Julchen muß dazu erst den Skipper befragen.

Gustaf ist nicht sehr erbaut. Stoltenfoth . . . ? Wat'n Name! Klingt wie Stolperfoot. Stolperfüße hat er nicht gern an Deck. „Aber wenn ich dadurch in Bio und Fü auf 'ne Drei komme", wendet Julchen ein. – Man einigt sich darauf, daß der Lehrer auf dem Sommertörn das erste Stück bis Middelfart mitsegeln darf. Von da aus kann er mit der Bahn nach Hause fahren. Stolperfoot . . . ! Gustaf schüttelt den Kopf – wenn dat man god geiht!

Der Pauker macht sich gut an Bord. Er redet Gustaf mit „Skip" an, und Gustaf sagt „Hujo" zu ihm. Eigentlich toll, der Bursche! Er entdeckt lauter Dinge, die Gustafs abgestumpfte Segelsinne gar nicht mehr registrieren. Zum Beispiel, daß der Fock-Holepunkt nicht optimal wirkt; daß der Verklicker kreiselt, weil sein Kontergewicht abgefallen ist; daß der Butt, den Julchen vor Bülk angelte, kein Butt ist, sondern eine Kliesche. Und der große Vogel, den die brütenden Seemöwen kreischend verjagen, ist keine Krähe (wie Gustaf vermutet), sondern eine Elster. Hugo sieht alles, kennt alles, weiß alles. Gustaf kommt sich richtig dämlich vor. Und alles in Julchens Gegenwart!

Vor Schleimünde verdunkelt sich der Himmel – eine Gewitterfront. Gustaf will nicht naß werden und läßt die Segel bergen, um einzulaufen. Als er den Motor starten will, legt Hugo die Hand auf seinen Arm. Ob er nichts hört? Nee, Gustaf hört nichts. Das Rauschen nicht und das Knistern im Rigg? Gustaf will gerade „Nee" sagen, da ruft Julchen vom Vorschiff „Auah!" Sie hat das Want berührt und einen leichten Schlag bekommen. „So entstehen Elmsfeuer", sagt Hugo und erklärt ihnen, was es damit auf sich hat: Atmosphärische Elektrizität. – Und Gustaf hat nichts davon bemerkt!

Am nächsten Abend haben sie zur Nacht auf Barsø festgemacht. Die SIND-

BAD-Crew liebt dieses kleine Eiland vor der Genner Bucht. Sie sitzen am steinigen Ufer und schauen über den schmalen Sund zum Festland. „Da!" – ruft Hugo und zeigt aufs Wasser. Was denn? Was meint er? Der Kerl wird ihnen langsam unheimlich. Julchen entdeckt es zuerst: fünf bis sechs dunkle Striche an der Wasseroberfläche. Sie steigen hoch und tauchen unter. „Delphine!" schreit Julchen, worauf Hugo sie belehrt, daß es Tümmler seien, eine ganze Schule. Gustaf und Frieda sehen immer noch nichts. Erst als die Tiere mit 50 Meter Abstand die Fährbrücke passieren, winken sie ihnen aufgeregt zu. Mein Gott, so etwas haben sie im Kleinen Belt ja noch nie gesehen. – Müßten sie eigentlich, doziert Hugo, die Tiere sind hier gar nicht so selten. Wenn man nur die Augen aufhält...

Scheiß-Augen, denkt Gustaf. Als ob er blind wäre! Oder Frieda gar, die jeden Fliegendreck in der Pantry sieht. Wat'n Quatsch! Sicher waren es gar keine Tümmler. Vielleicht große Dorsche. Oder eine optische Täuschung. Aber da folgt am nächsten Tag das Meeresleuchten. Es ist Hugos letzter Abend auf der SINDBAD. Sie liegen im alten Stadthafen von Middelfart. Es ist dunkel geworden und still auf dem Wasser. Sie sitzen im Cockpit bei einem Glas Wein und feiern Abschied von Hugo.

Da tuckert schemenhaft ein Fischkutter vorbei. Sein Steven zerteilt das schwarze Wasser wie flüssiges Silber. Auch sein Heckwasser leuchtet silbern und die Wellen, die sich an den Pfählen brechen. Selbst Julchens Hand leuchtet, als sie sie ins Wasser taucht. Wovon mag das Leuchten nur kommen? Hugo weiß es: tierische Organismen, Geißeltierchen, die in warmen Sommernächten bei äußerer Einwirkung Leuchtstoffe erzeugen. Manche in besonderen Drüsen, andere durch Leuchtbakterien, die in ihnen leben. *Noctilucen* nannten die Griechen sie.

Als Hugo am nächsten Morgen die SINDBAD verläßt, atmen alle erleichtert auf. Frieda, weil sie jetzt nur noch für drei zu kochen hat. Gustaf, weil *er* nun wieder derjenige ist, der alles (besser) weiß. Na, und Julchen, weil ihre Chancen in Bio und Fü gewaltig gestiegen sind.

Niemand trauert ihm nach. Aber etwas ist zurückgeblieben: *Hugos Geist*. Gustaf wird sich anstrengen müssen, wenn er ihn vertreiben will. Geister haben ein zähes Leben!

Seit Gustaf im Frühjahr oder Herbst gern mal für eine Woche binnenländische Charterreviere heimsucht, hat er allerlei Überraschungen erlebt. Zum Beispiel auf dem Canal du Midi der atemberaubende Kletterakt auf der siebenstufigen Schleusentreppe von Béziers – als nach Verlassen der letzten Stufe jemand hinter ihnen herschrie; es war Julchen, die sie vor lauter Schleusenstreß an Land vergessen hatten. Oder der teilweise Ausfall der Beleuchtung auf den Angst einflößenden Tunnelabschnitten des Rhein-Marne-Kanals zwischen Toul und Barle-Duc; Frieda bekam in den endlos langen, nachtschwarzen Löchern solche hysterischen Angstzustände, daß sie fast in die Hose machte. Ach ja, und in England war es der knapp zwei Meter breite Pontysyllte-Aquädukt, der den Llangollen Canal in 30 Meter Höhe über den River Dee hinwegführt; nichts als eine niedrige, rostige Plattenwand trennte ihr *narrow-boat* von der tiefen Schlucht, und jetzt war es Gustaf, der die große Flatter kriegte.

Aber so dramatisch diese Erlebnisse auch gewesen sein mochten – was Komik anging, reichten sie alle nicht an die Slapstick-Komödie mit Leusl heran. Sie hatten ihn auf den ostenglischen Broads kennengelernt, als sie abends auf Salhouse Broad Bord-an-Bord ankerten. Zwei deutsche Crews, doch was für

Welten trennten sie! Allein schon sprachlich. Der Nachbar hatte sich als „Kneisl, Alois" vorgestellt, doch Vroni, seine Gattin, nannte ihn nur „Leusl". Wo er herstammte? „Mir zwoa kemma von Zwusel am Großen Orber – wannst woast, wos i moan." Gustaf schüttelte den Kopf. Zwusel? Orber? Ob das überhaupt ein Deutscher war? Und falls ja, woher mochte er stammen? Er wiederholte seine Frage.

„Jo mei, dees mag i!" sagte Leusl. Ob Gustaf denn nie etwas vom Bayerischen Wald gehört habe. Gustaf kuckte dumm aus der Wäsche, worauf Leusl grantig „Dann halt ‚Boarisch-Kongo' – spinnata Uhu!" vor sich hinknurrte. Aber trotzdem wurde der Abend noch ganz lustig.

Am nächsten Morgen frühstückte man gemeinsam im Cockpit. Leusl hatte von seiner Vroni für die Reise eine Filmkamera geschenkt bekommen, eine FUJI-ATOM mit Belichtungsautomatik. Die schwenkte er unentwegt hin und her: mal Köpfe, mal Totale, Frieda en face, Julchen en profil, Gustaf von hinten. Bis es dem Skipper zuviel wurde. Er wollte jetzt weiter zum Barton Broad. Ob es da schön sei, wollte Leusl wissen. Ja, sagte Gustaf, und es klang nicht sehr einladend. Leusl wollte natürlich mitkommen; Gustaf solle die Vorhut bilden; Leusl würde im Kielwasser folgen.

Nun gut. Sie schipperten den River Bure ein Stück abwärts, vorbei am idyllischen Horning, und bogen bald darauf nach links in das Flüßchen Ant ein. Gustaf sah im Rückspiegel die ganze Zeit über Leusl mit der FUJI-Kamera an Deck seines Motorkreuzers umherturnen: ein Schwenk zu den Reihern vom Decoy Broad, eine Totale vom Ferry House, ein Schnellschuß auf die Schwäne von Malthouse — und immer wieder Gustafs Achtersteven.

Als sie in den schmalen Ant einbogen, baute Leusl sein Stativ am Heck auf. Er hatte auf der Karte die Ludham-Brücke entdeckt, die gleich kommen mußte, und die Durchfahrt wollte er natürlich filmen. 400 Meter waren es noch bis dahin.

Gustaf hatte seinen Kahn gestoppt, um die Lage zu peilen. Im Handbuch stand als Brückenhinweis: *„Dead slow. Sound horn!"* Der Brückenbogen war — je nach Wasserstand — so um acht Fuß hoch, und der Fluß machte gleich dahinter einen scharfen Knick, so daß man nicht sehen konnte, ob jemand entgegen kam. Acht Fuß Höhe war nicht viel, deshalb klappte Gustaf Signalmast und Windschutzscheibe; dann schickte er

sich an, die Brücke unter Hupenklängen *„dead slow"* zu passieren. Vorher blickte er kurz nach achtern zu Leusl.

Der stand hochaufgerichtet auf dem Heck hinter seinem Stativ und visierte mit dem Zoom-Objektiv die Brücke an, während Vroni furchtlos mit dem Steven auf das schwarze Loch unter dem Rundbogen zielte. War der Bursche verrückt? Gustaf winkte ihm zu, er solle vom Heck verschwinden und seinen Kopf gefälligst einziehen! Doch da war es schon passiert: Knapp hinter Gustaf war Vroni *full speed* ins Ungewisse vorgestoßen. Ihre Augen fixierten starr das Zentrum des Brückenlochs. Sie hörte nur einen kurzen Schrei. Dann hatte der Brückenbogen das Heck kahlrasiert. Kein Leusl mehr, kein Stativ. Jo mei ... !

Gustaf half Vroni beim Anbinden. Dann stürmten sie zur Brücke, um Leusl zu retten, der prustend im River Ant schwamm. Als sie ihn auf die Uferböschung zerrten, jammerte er kläglich seiner abgesoffenen Kamera nach. Und dem teuren Stativ. „Jetzat: da legst di nieder", rief er schluchzend. „'s is hi! Hi is's — mei scheans Fuji is futschi!"

Gustaf, der ehrlich zwischen Mitleid

und Schadenfreude schwankte, entschied sich schließlich für das erstere. Na, und Frieda hatte ohnehin feuchte Augen. Nur Julchen fuhr auf die groteske Situation voll ab und rief begeistert:

„Mann, ich könnt mich ömmeln! Die reinste Peking-Oper! Jetzt fehlt nur noch Mike Krüger mit dem ‚Wort zum Sonntag'!"

 # Marschland-Saga

Vom Schlicksegeln hält Gustaf nicht viel. Seit er vor Jahren mal bei Ebbe mit der Fähre von Wischhafen nach Glückstadt übersetzte, hat er bannigen Schiß vor den fetten, glänzenden Matschbänken, in denen sich der Kiel so schön festlutschen kann. Nee, besser alle Tidengewässer meiden!

Aber nun braucht die SINDBAD ein neues Deck. Die Relingsstützen wackeln auf dem Schandeck wie Gustafs Backenzähne. Die Planken sind vom ewigen Scheuern dünn geworden wie die Silberauflage auf Friedas Teelöffeln. Und wenn Julchen in der Koje liegt, bröselt aus den Nähten der Glue auf ihren Kopf, ganz zu schweigen von dem ewig nassen Bettzeug. – Das wird teuer, sagt die Werft, sicher sind die Decksbalken und -knie auch rott. Am besten alles rausreißen.

Doch just das will Gustaf auf keinen Fall. Wie gut, daß es Verwandte gibt! Seine in Elmshorn lebende Schwester Elke hat in Wilster einen Schwager namens Walter, der gelernter Bootsbauer ist. Und der will (Elke zuliebe!) die Sache nach Feierabend machen. Nur so aus Freundschaft und gaans, gaans billig. – Gustaf freut sich, und Julchen flachst: „Was ich immer sage: Die Frau im Haus ergötzt den Zimmermann."

Bleibt nur noch das Problem, die SINDBAD im Herbst nach Wilster zu versegeln. Aber er hat ja noch Heini! Und mit ihm schippert Gustaf dann Anfang Oktober durch den Kanal. In Brunsbüttel klappert er die Schleuse ab, ob da nicht jemand störaufwärts will. Klar, sagt der Schleusenwärter und zeigt auf AGATHE aus Elmshorn. Die will in Itzehoe Zement laden und wartet nur noch die Flut ab. Gustaf geht an Bord und macht den Handel klar: Für'n Buddel Köm darf er anbinden. Bei Kasenort werden sie ihn losschmeißen.

Nach zweistündigem Warten geht die Post gegen Mittag ab. Auf der Elbe dreht das Kümo so flott auf, daß die SINDBAD einen weißen Knochen im Maul trägt und beinahe übers Heck absäuft. Aber um 15.00 Uhr haben sie auf der Stör die Kasenorter Schleuse querab, und der Bestmann slippt ihre Trosse. „Gode Reis', Schipper!" – Gustaf schert im Bogen in den Yachthafen der Wilsteraner und macht am Schlengelkopf neben dem Gästeschild fest. Ach, wat für'n scheunen Hafen haben die hier! An die 20 Yachten liegen da, friedlich wie auf dem Steinhuder Meer. Anscheinend machen die Gezeiten sich hier nicht mehr bemerkbar. Hängt wohl mit dem neuen Sperrwerk zusammen.

Er macht SINDBADS Bug mit der Backbordleine am Schlengel fest. Dann bringt er die Steuerbordleine zu einem fünf Meter entfernten Dalben aus und holt sich damit vom Steg frei. Achtern wirft er den Heckanker und fährt – zur Sicherheit! – noch eine Leine zum Heck des Nachbarn aus. Dann ruft er Walter an, daß er ihn abholt. Morgen können sie in der Schleuse den Mast legen und den Kahn zum Bootsschuppen auf der Wilsterau verholen.

Walter kommt mit dem Auto. Sie bringen Heini zum Bahnhof und sitzen bald darauf bei Walters Frau gemütlich an der Kaffeetafel. Walter fragt, ob Gustaf sein Schiff auch gut angebunden hat. Der wirft ihm einen scheelen Blick zu: Hält der Kerl ihn für bescheuert? Dann aber schnappt er sich vor dem Abendbrot doch Walters Fahrrad, um zu sehen, ob im Hafen alles klar ist.

Inzwischen sind zwei Stunden vergangen. Die Flut hat vor einer Stunde ihren höchsten Stand erreicht, und der Wasserstand ist jetzt wieder so wie bei der Ankunft. Alles ist friedlich und schön. Nur der dicke Tampen zum Dalben hängt im Wasser. Und Gustafs Steuerbord-Klampe ist futsch. Mit brutaler Gewalt aus dem Deck gerissen. Wandalismus oder Hokuspokus?

„Hättste besser nicht am Dalben angebunden", sagt Walter, ohne näher zu begründen, weshalb. Er setzt bei Gustaf voraus, daß er weiß, was Tidenhub auf der Stör bedeutet. Die Nacht bringt Gustaf wenig Schlaf.

Nach spätem Frühstück will er zum Hafen, um mit Walters Hilfe das Schiff zu verholen. Wie tief die SINDBAD denn geht, will Walter wissen. „Einszwanzig", brummt Gustaf. „Dann warte bis 12.00 Uhr", sagt Walter, „vielleicht schwimmt sie dann schon wieder." Gustaf wird von dunklen Ahnungen gepackt. „Und warum nicht jetzt schon?" fragt er bang. Walter blickt ihn staunend an. Will der Kerl ihn verscheißern? „Jetzt ist Niedrigwasser", sagt er grantig, „da kannste barfuß um den Kahn laufen."

Gustaf schnappt sich erschrocken den Drahtesel: Ab zum Hafen! Er tritt in die Pedale, als verfolge ihn die Pest. Nach einer Viertelstunde steht er schwitzend vor der Kneipe am Deich: Der Hafen ist weg!! Kein Hafen, keine Schiffe, kein Wasser. Also doch Hokuspokus! Er klettert auf die Deichkrone. Was er dort sieht, läßt ihn schaudern: Tief zu seinen Füßen ein matschiges schwarzes Loch.

Darin ein paar schiefliegende, eingesunkene Yachten. Wie Sauen in der Suhle, denkt Gustaf und sucht seine SINDBAD. Sie liegt mittendrin und fühlt sich anscheinend dort sauwohl. Er denkt an das verdreckte Ankergeschirr, die abgerissene Klampe und wie er den Kahn je wieder sauber kriegen soll. Dann trinkt er in der Kneipe einen Grog, denn an Bord kann er vorerst doch nicht.

„Is wat?" fragt der Kröger, dem Gustaf etwas seltsam vorkommt. „Nö", sagt Gustaf und schlürft schweigend seinen Grog. O Mann, wat'n Schiet! Kiel ist weit weg, der Kröger kapiert sowieso nix, und Walter kommt erst um 12.00 Uhr. *Das also ist Gezeitensegeln,* denkt er betrübt. Und er beschließt, seine Ostsee künftig nie, nie mehr zu verlassen. Ebbe − pfui Deibel, wat'n Swienkrom! Wie konnte er nur ...

Walter lacht ihn aus. „Bleib' bloß auf deiner Förde", sagt er, „so wat wie dich spuckt die Elbe gleich wieder aus." Gustaf sinnt lange darüber nach, wie er das wohl gemeint haben mag. Zumal sich herausstellt, daß Walters Umbauten auch nicht viel billiger werden als bei der Werft.

Merke: Denn für dieses Leben ist der Mensch nicht schlau genug (Bert Brecht).

Pichelsteiner

Auf der SINDBAD war dicke Luft oder – wie es bei der Nävy heißt – „Zustand". Julchen hatte im Hafen von Mommark des Skippers neue V2A-Rohrzange außenbords befördert, als sie damit den Beibootschäkel losdrehen wollte. Frieda versuchte, dem Töchting zu helfen, indem sie zwei Bootshaken aneinander laschte, um damit den Grund abzufischen. Doch sie erreichte nicht mehr, als mit diesem Quirl das teure Stück restlos im Modder zu vergraben. Ihre *Absicht* war gut gewesen (selbst ist die Frau!) – aber die *Methode* eine echte „tote Hose".

Also warf sie das untaugliche Angelgeschirr wütend auf die Ostmole und schickte Julchen aus, den Vater zu suchen. Wo mochte der Kerl sich bloß wieder rumtreiben? Immer, wenn man ihn brauchte, war er weg! Gustaf nahte, von Julchen alarmiert, mit großer Eile. Zu eilig wohl, denn er stolperte über die beiden Pekhaken auf der Mole, rutschte aus und schlug mit dem Ellbogen auf. „Verdammte Crew!" schrie er zornig. Aber, o weh! – Frieda hatte „verdammte Kuh" verstanden. Den Rest kann man sich denken ...

Der Skipper retirierte ergrimmt, um sich im nächsten *Kro* einen hinter die Binde zu gießen. Welcher Mann ist schon solch zermürbendem Frust ge-

wachsen? Doch er kam nicht weit. Drei Schiffe weiter lag eine Bremer Yacht, auf der es sehr lustig zuging. Offenbar hatte man dort Gustafs Mißgeschick mit großer Anteilnahme verfolgt und rief ihm nun zu, er solle doch auf einen Kurzen zu ihnen an Bord kommen.

Sie waren schon bei der zweiten Flasche Ålborger Köm angelangt. Gustaf kriegte einen Zahnputzbecher voll eingeschenkt („Vorsicht – der Zoll schnüffelt hier überall herum!"). Man sagte Skål, erzählte Döntjes, und so wurde auch die zweite Buddel bald leer.

„Wir wär's jetzt mit 'nem ordentlichen Schlag Pichels-teiner?" fragte der Bremer Skipper. Gustaf war nicht abgeneigt. Ein Teller Gemüseeintopf auf den vielen Schnaps war nicht schlecht. Der Bremer öffnete seine Bilge: An die 50 Kilodosen Pichelsteiner lagen dort gut verstaut. Mannomann, dachte Gustaf, ob die unterwegs nix anderes fressen tun als sowat?

Vier Suppentassen wanderten auf die Back. Die erste Pichelsteinerkonserve wurde mit dem Dosenöffner skalpiert. Es roch nach Rum. – *Es war Rum!* – „Da s-taunste, was, S-portsmann!" rief der Bremer s-tolz. Ja, Gustaf staunte ehrlich: Rum in Konservendosen – dat kann dscha woll nich angohn! Die Bremer erklärten es ihm. Gustaf müsse das vers-tehen – der skandinavische Zoll und so ...

Aha, nickte Gustaf, aber warum gerade Gemüseeintopf? Naja, meinte der Bremer Skipper, sie hätten halt noch vom Krieg her eine alte Dosenverschließmaschine im Keller s-tehen gehabt. Die Etiketten habe ihnen ein befreundeter Großhändler geschenkt. – Gustaf hatte immer noch nichts kapiert. „Aber warum denn", fragte er, „ausgerechnet *Pichelsteiner* ... ?

Die Bremer wollten sich schier ausschütten vor Lachen. „Mensch – ver-s-teh' doch: weil es was zum ‚Picheln' ist – ha, ha, ha!" Während die Messe von ihrem Gelächter erdröhnte, pichelsteinerte man fröhlich weiter in die Nacht hinein.

Die leeren Dosen wanderten aufs Brückendeck, wo sie sich im Laufe der Zeit summierten. Ein vorbeischleichender Zöllner wunderte sich über die fröhlichen Tysker und wie lustig die von Gemüseeintopf wurden. Merkwürdige Leute, dachte er bei sich, schüttelte den Kopf und murmelte vor sich hin: „*Tror ingen fremmede! Men hvad skal det betyde?*" – Frei übersetzt: Trau keinem Fremden! Aber was bedeutet das wohl?

Als sie anfingen, „Rolling home" zu singen, war es keineswegs das Signal, nun heimwärts zu rollen. Aber Frieda hatte Gustafs Stimme sofort erkannt und ihren Skipper dadurch richtig orten können. Als sie beim Bremer Schiff mal so eben die Lage peilte, wunderte sie sich über die auf dem Brückendeck von der Molenbeleuchtung angestrahlte Batterie Konservendosen. Dieser Schuft! Bei ihr zu Hause schmeckte ihm nur frisches Gemüse. Aber hier, bei fremden Leuten, da fraß er *so etwas* – pfui!

Und sie beschloß, es ihm morgen heimzuzahlen. Kein Kotelett, keine Bratwurst – nee: *Pichelsteiner!* Mal sehen, was für ein Gesicht er machen würde. – „Dufte", pflichtete Julchen ihr bei, „zeig' dem Macho mal echt, wozu Frauen fähig sind."

Alles dicht

Heini hat über Winter in seine SEE-MÖVE einen neuen Motor einbauen lassen – einen chromblitzenden 25-PS-MURKS-Diesel. Den muß er seinem Freund und Liegeplatznachbarn Gustaf natürlich vorführen, als die Schiffe Ende April zu Wasser gehen.

Gustaf kuckt sich alles genau an. Nee, er ist nicht neidisch. Er findet seinen zwanzig Jahre alten vierpferdigen MAR-STAL-Benziner viel schöner, ehrlich! Der hat zwar weniger Drehknöpfe und Funktionslämpchen, aber: Wat für'n herrlich satter Brummton! Und *vier* Pferde! Damit fuhren Grafen früher zur Kirche!

Trotzdem beäugt er Heinis neue Wasserorgel genau, denn man lernt ja immer etwas dazu. Zum Beispiel, wat dat dor för'n Kasten is? – Das da? Heini erklärt es ihm; es ist ein Kühlwassersumpf mit integriertem Filter, zum Rausnehmen und Saubermachen, geht ganz einfach, sogar unterwegs.

„Un' woför schall dat god sien?" fragt Gustaf. Heini erläutert es ihm geduldig: „Kanns' doch ma 'ne Qualle mit ansaug'n oder 'ne Plastiktüte oder vor Bülk 'n schwimmenden Hundekötel. Das kann's jezz allens einsfixdrei aus 'n Filter rauspuhlen. Ohne anzuhalten sogar."

Gustaf schüttelt den Kopf. Wat'n Quatsch, solch Aufwand! Er hat noch nie 'ne Qualle im Kühlwasser gehabt und auch keine Tüte. „Aber es könnte doch mal sein", wendet Heini ein. „Nee", sagt Gustaf, „ick heff jo 'n Siep *außenbords.*"

Ja, er hat ein Sieb außenbords. Dort wo der Kühlwasser-Ansaugstutzen die Bordwand durchbricht, ist ein flachgewölbtes, etwa handtellergroßes Messingsieb über dem Loch angebracht. Das hat zwanzig Jahre alles abgehalten, was dem MARSTAL-Jockel auf den Magen schlagen könnte.

„Auch Quallen?" fragt Heini skeptisch. – „Ok Quallens! Un Tütens un Kötels un wat sonst noch unsere saubere Förde versauen tut!" – „Gefährlich", meint Heini und runzelt die Stirn, „wenn 'ne Tüte von außen angesaugt wird, dann ist das Loch dicht. Dann läuft der Jockel garantiert heiß, und der Zylinderdeckel taugt dann höchstens noch zum Spiegeleierbraten."

„Bleudsinn", sagt Gustaf und beendet das Gespräch mit dem Hinweis, daß man erstens natürlich ab und zu mal außenbords peilen muß, ob das Kühlwasser richtig abläuft. Und zweitens gehört dazu, mit dem Finger von Zeit zu Zeit die Temperatur des Kühlwassers zu prüfen. Wenn man diese einfachen Regeln beachtet, kann nie etwas passieren! Er hat jedenfalls seit dem Motoreinbau vor zwanzig Jahren keinen Trabbel gehabt.

Eine Stunde, nachdem Heinis SEEMÖVE zu Wasser gelassen wurde, hängt die SINDBAD im Kran. Hübsch sieht sie aus, findet Gustaf. Obwohl er diesmal die Frühjahrslackierung nicht selber machte, sondern das Julchen und ihrem Freund Willi überlassen hat, die ihr knapp bemessenes Taschengeld gern um ein paar müde Mark aufbessern wollten. Sie haben gut gearbeitet. Die SINDBAD leuchtet im Kran wie ein Schwan im Hochzeitskleid. Das Abkranen geht ganz fix. Da er die alten Eichenplanken schon zwei Wochen vorher von innen mit nassen Säcken ausgelegt hat, macht der Pott kaum Wasser, und Gustaf kann gleich zum Yachthafen weiterschippern.

Während Julchen mit ihrem Macker den Liegeplatz aufklart, schippert Gustaf mit brummendem Jockel vergnügt die anderthalb Meilen zum Yachthafen, wo Heini bereits auf ihn wartet. Er ist noch keine 200 Meter vom Winterlager entfernt, da benimmt sich der Jockel plötzlich ganz merkwürdig. Sein zufriedenes Brummen geht in hartes Klopfen über; dazu hustet er asthmatisch und, was den Skipper am meisten wundert, er heizt SINDBADS Cockpitgräting von unten so stark auf, daß Gustafs Socken nahe am Qualmen sind.

Ein rascher Blick außenbords läßt ihn erstarren. Warum er entgegen all seiner Regeln erst jetzt nach dem Kühlwasserstrahl kuckt, weiß er nicht — das Gequatsche mit Heini hat ihn wohl total durcheinander gebracht. Aber was er jetzt sieht, ist schrecklich genug. Nämlich

nichts! Jedenfalls kein Kühlwasser. Statt dessen bläst die SINDBAD seitwärts eine Wolke weißen Dampfes in die Gegend.

Gustaf schaltet blitzartig: Der Motor kriegt keine Kühlung — also ist der Absperrhahn zu. Er ist es *nicht!* Dann ist eben das Sieb verstopft (obgleich das seiner Lehre zufolge ja nicht möglich ist). Er fährt mit dem Schrubber außenbords am Ansaugstutzen auf und ab; wenn dort etwas saß, müßte es jetzt weg sein und der Kühlwasserkreislauf in Gang kommen. Nichts kommt! Gustaf faßt die Pumpe an und verbrennt sich die Flossen: heiß wie eine glühende Herdplatte! Er stellt den Motor ab, der ohnehin nur noch gequält röchelt.

Ein vorbeikommender Kollege schleppt ihm zum Yachthafen. Dort lauert Heini, kuckt listig und stellt dumme Fragen. Gustaf schweigt. Er schnappt sich Julchens Jolle, holt sich bei der SINDBAD längsseit, streift die Tauchermaske über, beugt sich weit übers Süllbord und steckt den Kopf so tief ins Wasser wie nur möglich.

Das Sieb ist weg! Jedenfalls ist es nicht zu sehen. Er fährt mit der Hand über die Stelle, wo es im Herbst noch saß. Und da spürt er den Höcker, den er jetzt genauer untersucht. Mannomann, diese verdammten Gören! Zugeschmiert haben sie ihm das Sieb! Alle Löcher mit dikkem, weißem Lack zugekleistert! Und er hat das beim Zuwassergehen nicht gesehen! Er hat auch nicht nach dem Wasserstrahl gekuckt und nicht bemerkt, daß der Jockel statt Kühlwasser heißen

Dampf spuckte! Und das Heißwerden des Motors ... Mannomann!

Heini hat mit einem Blick gesehen, was los ist. „Is wat?" fragt er maliziös. Da Gustaf nicht antwortet, zeigt er auf sein Kühlwasserthermometer und den roten Knopf daneben. „Kann mir nicht passieren", sagt er mit erhobener Nase, „leuchtet nicht nur rot auf, sondern *klin-gelt auch Alarm!"*

„Morskopp!" denkt Gustaf und eilt zum Telefon. Einer von der Werkstatt soll gleich kommen. Es kann ja auch ein Kolbenfresser sein ... Und dann bereitet er sich auf die Abendunterhaltung mit Julchen vor. Na, die Göre kann was erleben!

20

# Der Ohrwurm

O Mann, wat 'n Quatsch! knurrt Gustaf. An alles hat die Wissenschaft gedacht. Es gibt autogerechte Hunde, bandscheibenfreundliche Matratzen und relaxierende Fernseh-Lounger. Aber wo bleibt das segelgerechte Kind? Was hat er nicht alles versucht, damit Julchen sich auf der SINDBAD wohlfühlt. Mit Güte und mit Strenge. Eine Zeitlang schien es sogar, als ob ihr das Dichtholen der Fockschot mit der eigens für sie (?) angeschafften, sündhaft teuren Lewmar-Winde Spaß macht. Doch seit sie ihre eigene Jolle hat, ist alles anders geworden. Gustaf könnte sich sonstwohin beißen, so wütend ist er über sich selbst. Schön blöd war er, dem Gör 'nen eigenen Kahn zu kaufen. Bloß weil Heinis Lütte auch einen hat.

Aber Frieda und Roswitha haben ihm mal wieder Gummiohren aufgesetzt. „Dadurch kriegt das Kind doch erst richtig Spaß am Segeln!" haben sie gesagt. Und er hat sich tatsächlich mit solch dummen Sprüchen weichklopfen lassen. Und jetzt ... ? Nun hat es „Spaß" am Segeln gefunden. Als ob das Segeln „zum Spaß" betrieben würde!

Allein schon, wie die Göre sich an Bord kleidet ... Neulich hat er sie heimlich beobachtet, als sie sich zum Segeln auftakelte. Also nee, da lag dat Blag rücklings auf dem Teppich und wand und krümmte sich wie ein Regenwurm am Angelhaken. Mal die Stelzen hoch und gestrampelt, mal den Mors gereckt und gewunden wie eine Ringelnatter bei der Häutung. Er hat den Notarzt rufen wollen. Aber Frieda hat ihn begöscht. Och nee, hat sie gesagt, die zieht sich bloß die neuen Jeans an. Das machen alle so. Je fetter der Hintern, desto enger die Büxen. „Polizeigriff" nennen sie das: „Zurückdrängen der Massen".

Ja, denkt Gustaf, und so ist auch ihre Segelei! Keine anständige Wanderfahrt zur Schlei mit Schlafsack, Zelt und Regenhaut. Ach wat, Dreieckschippern in Rudeln zwischen Howaldt, Marinearsenal und Möltenort. Immer hin und her – ohne Sinn und Verstand.

Neuerdings haben sie solche Dinger dabei, die sie „Wockie-Tockie" nennen. Damit quatschen sie von Bord zu Bord. Aber nichts Gescheites, nee, man blots so 'n Sabbelkrom. Weiß der Deubel, wo sie dat Geld für solch Speeltüch hernehmen. Am besten, er reduziert Julchens Taschengeld auf die Hälfte. Wo die Zeiten ohnehin immer schlechter werden.

Bestärkt in diesem Vorsatz wird er, als er sein Töchting eines Nachmittags vor dem Yachthafen segeln sieht. Er ruft ihr zu, sie solle längseit kommen und von ihrer Jolle aus SINDBADS Außenhaut mal eben abschrubben. Als sie auf seinen dreimaligen Anruf nicht reagiert (oder sich taub stellt), wird er fünsch. Er greift zur Flüstertüte, rennt auf den Außensteg und preit die Jolle überlautstark an, daß man es bis zur Schwentine hört.

„Hei Paps", ruft Julchen und winkt ihm zu, „is was?" — Klar, herkommen soll sie, und zwar etwas plötzlich. Er beobachtet kritisch ihr Einlaufen und weist sie an, neben der SINDBAD festzumachen. Doch sie versteht ihn nicht und segelt zur Jollenbühne weiter. Da kommt Gustaf die Galle hoch, und er rennt im Dauerlauf ums Hafenbecken herum zum Jollensteg.

Dort klettert Julchen gerade an Land — die Hüften in besagte Wurstpelle gepreßt, die mehr ent- als verhüllt. Die Gegend, wo ihr noch etwas unterentwikkelter Jungmädchenbusen (von ihr „meine Problemzone" genannt) zartes Hoffen verkünden sollte, wird durch einen dikken, kantigen Knubbel in der Brusttasche ihres T-Shirts entstellt. Und nicht nur das! Nein, aus dem linken Ohr baumelt auch noch ein rotes Kabel, welches mit dem backbordschen Busenknubbel in irgendeinem Zusammenhang zu stehen scheint.

„Warum tust du nicht, was ich dir sage?" kotzt er die Tochter an. — „Was sagst du?" fragt sie erstaunt zurück und weist auf ihr Ohr. Dabei zuckt sie die Schultern und entwindet ihrer Ohrmuschel einen kleinen roten Knopf.

Gustaf springt erschrocken zurück und will es nicht glauben. „Segelst du etwa mit dem Ding im Ohr?" — „Och",

sagt Julchen begütigend, „das ist doch nur mein ‚Walkman'. Mit Musik segelt sich's noch mal so schön. Mußte mal ausprobieren, Vati — hier..." Sie drückt ihm den Knopf ins Ohr und zieht aus ihrer Busentasche den Knubbel, der sich als Mini-Rekorder entpuppt. Dabei blickt sie ihn so blauäugig an, wie es nur ein mit allen Feinheiten der Psychotechnik vertrauter Teenie fertigbringt.

So etwas nennt sich nun Seglerin! denkt Gustaf verstört. Und er stellt sich erneut die Frage nach dem „segelgerechten Kind". Aber die Wissenschaft ist noch nicht soweit. Wenn er und Frieda es nicht selber schaffen, muß man wohl warten, bis Julchen mal eigene Kinder hat. Oder die Batterie leer ist.

Merke: Nächtlich am Busento lispeln bei Cosenza dumpfe Lieder. (A. v. Platen, Grab am Busento)

Flaggen total

Seit Gustaf Auto fährt, gehört er dem GAAZ (Größter Automobilclub Aller Zeiten) an. Warum? Na, weil man da eben drin ist. An sich Quatsch, aber man weiß ja nie, wozu es mal gut sein kann. Daß einzelne Arme dieses Riesenpolypen sich nebenbei mit Touristikveranstaltungen beschäftigen und auch noch Handels-, Versicherungs- und Werweiß-was-noch-für-Geschäfte betreiben, juckt ihn wenig. Wie sagte Molière? „Ein kluger Mann paßt sich den Zeiten an."

Nun haben die auch eine Motorboot-Abteilung gegründet. Mit eigenem Club-im-Club, Hausflagge und Bluewater-Rallye. Warum nicht? – Gustaf hat sich für dererlei maritime Peep-Shows nie sonderlich interessiert. Ihm genügen sein eigener Seglerverein, die Kreuzer-Abteilung und der DSV. Bloß nicht noch mehr Obrigkeit! Aber da stößt er doch bei seinem letzten Kurzurlaub in Rosas an der stillverträumten Costa Brava auf ein seltsames Wasserfahrzeug: etwa neun Meter lang, geschmückt mit den Initialen eben dieses GAAZ-Clubs und offenbar gerade im Begriff, eine Art Wasserprozession anzuführen.

Mannomann, wat hat der Kahn für 'ne Flaggengala angelegt! Sieben Fahnen und Stander zählt Gustaf alleine am Stummelmast. Dazu Heckflagge und Gösch.

Bis auf die Friesenflagge ist wirklich alles gesetzt, was das Leben schön und teuer macht.

Gustaf läßt das farbenprächtige Happening staunend an sich vorüberziehen und wundert sich baß. Abends ziehen die Prozessionsteilnehmer nebst Gattinnen im Schmoking und Straßenfeger zum Preiß-Giffing-Dinner ins Palace-Hotel. Da nimmt er sich ein Herz und fragt einen der Notabeln, ob der GAAZ etwa eine eigene Flaggenordnung habe. Man lernt ja nie aus. – Nö, meint der Wasseroymel locker, Gustaf dürfe das nicht so eng sehen; Flaggen bedeuteten doch Lebensfreude. Oder etwa nicht? Andere Leute flaggten doch sogar über die Toppen. Na also!

Wieder zu Hause, langt Gustaf sich gleich die „Seemannschaft" des alten Nostitz aus dem Bücherrack: Flaggenordnung. Da steht genau, was man darf und was nicht. Er hat sich nicht geirrt: Sieben Flaggen am Mast sind ein paar zuviel. Diese Autokapitäne! Er setzt sich hin und schreibt einen Brief an den GAAZ. Wieso sie ausgerechnet auf ihrem Clubkahn ... Und daß er das nicht in Ordnung findet. Düwel ok!

Nach angemessener Denkpause (in der offenbar der Clubsyndikus um ein juristisches Gutachten ersucht wurde) erhält er ein höfliches Antwortschreiben. Auf

Büttenpapier ist da fein formuliert, wie doof Gustaf ist. Unter anderem heißt es wörtlich:

Betr.: Flaggenführung auf der Chris-Craft „GAAZ 1" im Golf von Rosas anläßlich der 3. GAAZ-Kreuzfahrt. Das Boot lief unter französischer Flagge, hatte die Gastlandsflagge (Spanien) gesetzt und fuhr die Bundesflagge und die Flagge Jugoslawiens wegen der zur Zeit an Bord befindlichen Ehrengäste aus beiden Ländern. Unter der Backbord-Saling zeigte es den GAAZ-Clubstander. Darunter die Arztflagge (weil ein Arzt an Bord war). Am Bug wehte dann noch der GAAZ-FKD-Stander, der den anderen Booten signalisierte, wer an diesem Tag als Schleppboot eingeteilt war. Wir meinen, daß trotz des Flaggenwaldes alle diese wehenden Signale sinnvoll eingesetzt waren. Hinsichtlich der besonderen Bestimmungen in Spanien über das Lots- und Gesundheitswesen sind wir allerdings echt in Schwierigkeiten gekommen, denn Platz für die Lotsen- oder Quarantäneflagge war nicht mehr vorhanden. Sind Sie einverstanden? Es würde uns freuen. Viele Grüße und eine schiffige Saison. Ihr gez. U. M.

Gustaf stellt betrübt fest, daß er offenbar für den Motorbootsport zu dämlich ist. Oder sollte sich die Flaggenordnung seit kurzem grundlegend geändert haben? Möglich ist heutzutage alles. Er blickt traurig am Mast seiner SINDBAD empor. Vier Flaggen könnte er dort allenfalls unterbringen. Aber *sieben?*

Typisch! Typisch — ?

Gustafs Oheim mütterlicherseits, Onkel Juler, segelt seit 50 Jahren. Zuerst Jolle; dann einen offenen „Nationalen 30er" — ein sogenanntes „L-Boot" mit Peitschenmast, das er sehr liebte. Nach dem Krieg stieg er um auf KR-Kreuzer, denen mit zunehmendem Wohlstand (und Bauchumfang) größere IOR-Yachten folgten. Dann kam — beim Segeln, wo sonst? — der erste Herzinfarkt. Kein Wunder, sagten die Ärzte und verboten ihm das meiste von den Sachen, die nach seiner Auffassung das Leben überhaupt erst lebenswert machen. Darunter das Segeln.

Auf manches konnte Juler verzichten; aufs Segeln nicht. Trotzdem verkaufte er den letzten Eintonner — ein herrliches schnelles Schiff von der Unterweser — schweren Herzens. Er konnte die schmerzliche Trennung nur dadurch ertragen, daß er bald darauf ein Motorboot erwarb — eine dieser behäbigen eisernen Quatzen aus Holland. Damit fuhr er so lange durch die dänische Inselwelt, bis der Herzschrittmacher fällig war.

Die Ärzte wackelten bedenklich mit dem Kopf. Seine Olsch und die Verwandtschaft zeterten lauthals: Dieser Wahnsinnige! Wo ihm das doch verboten war! Und dann ein so schwerer Kahn — aus *Eisen!* Da muß man ja herzkrank werden. Nein, diese Segler — echt typisch! Und wie rücksichtslos der Familie gegenüber!

Juler verkaufte auch die Quatze. Einerseits um des lieben Friedens willen; andererseits, weil diese Motorfahrerei doch nicht so ganz nach seinem Gusto war. Hatte er dem schnellen Eintonner noch nachgeweint — der Abschied von der Eisenquatze tat ihm kaum noch weh. Er machte einen Winter lang Pause, fuhr mit der Olsch zur Kur nach Zwischenahn, ließ sich mit Digitalis und guten Ratschlägen vollstopfen, trat im Geschäft etwas kürzer und nahm überhaupt das Leben mehr von der leichten Seite. „Psychosomatische Therapie" nannten die Ärzte es und waren sehr stolz auf Onkel Julers Heilungsprozeß, den er natürlich nur — na, wem wohl? — zu verdanken hatte.

Im Frühjahr fuhr Juler wieder „zur See". Zwar nur im Miniformat mit einem 20-Fuß-Kajütkreuzer. Und nicht mehr nach Dänemark, sondern bescheidene Kaffeetörns auf der Förde zwischen Heikendorf, Strande und Damp. Aber er *segelte!* Und zwar allein. Kein Ärger mehr mit Mannschaft, verstopften Urlaubshäfen und gedrängten Winterlagern. Der kleine Kimmkieler war kinderleicht zu segeln, paßte in jedes Hafenloch und brauchte im Winter kaum Pflege.

Die Verwandtschaft kreischte Zeter und Mordio: Nu is er völlig übergeschnappt! Konnte man ihn denn nicht entmündigen? Das war doch Selbstmord, was der Juler da machte. Zumal in seinem Alter! Nein, so etwas Typisches von Segler!

Juler (67) högte sich über das Gezeter seiner „Screaming Sixties", wie er seine Sippschaft zu titulieren pflegte. Insgeheim natürlich nur. Und er schipperte weiter. Einen Sommer und auch den zweiten. Dann wollten die Herzkranzgefäße auf einmal nicht mehr so recht mitmachen. Und der brav klickende Schrittmacher war bei dieser Sachlage auch nicht mehr in der Lage, Julers Pumpe im richtigen Takt pulsieren zu lassen.

Er landete im Krankenhaus. Dort zerlegten sie ihn in seine Einzelteile, pfropften ein paar überzählige Adern aus seinen Beinen an die Herzkammern zu kunstvollen Umgehungsstraßen und trösteten ihn und die Seinen mit einer aufwendigen Intensiv-Therapie. Man tat das Möglichste. Aber es sah diesmal wirklich schlecht aus für Onkel Juler.

Die Screaming Sixties reagierten rasch und rational: Zuerst mußte der „Kahn" weg. Juler würde, falls er überhaupt je wieder auf die Beine käme (?), nie mehr aufs Wasser können. Ein Käufer war schnell gefunden. Während Juler noch mit Schläuchen, Spritzen und Kanülen rang, segelte seine Paula schon unter fremdem Hintern. Als man es ihm später erzählte — selbstredend mit aller gebotenen Schonung —, war es ihm egal. Noch . . .

Doch der Frühling brachte nicht nur milde Sonnentage, sondern auch eine entscheidende Wendung in Julers Befinden. Ostern war er wieder zu Hause, lief im Garten herum, ging an der Förde spazieren, schnupperte Brackwasserduft, dachte nach. Die Sippe war arglos: Der Kahn war ja weg. Gottlob!

Pfingsten fuhr Juler mit Gustaf nach Schilksee „Schiffe bekieken". Auf der Rückfahrt strahlte Juler zum ersten Mal seit langem. Er hatte Grund dazu: Er hatte ein neues Schiff gekauft. Zwar nur einen Folke-Junior, ein offenes Kielboot, knapp 5 Meter lang, aber immerhin . . . Was die Sippe dazu sagen würde? Es war ihm egal.

Typisch! Oder was sonst —?

Die geknickte Null

Die schwerwiegende Entscheidung, ob man Seekarten falten oder rollen soll, wird durch den Placebo-Effekt bestimmt: *Man muß daran glauben!* Die Nachteile und Vorzüge beider Methoden halten sich ohnehin in etwa die Waage. Und letztlich spielt dabei der Stauraum an Bord auch eine Rolle. Also was soll's – geknickt oder gerollt – im Weg sind die Karten allemal. Auf der SINDBAD werden sie, zu handlichem Format gefaltet, unter den Kojenpolstern aufbewahrt. Eine prima Lösung, solange niemand ins Bett pinkelt.

Gustaf ist mit seinen Lieben auf Sommertörn. Sie sind morgens von Marstal ausgelaufen und wollen nach Troense. Der Zufall hat der SINDBAD einen Hattrick spendiert: Flaute von vorn, Strom gegenan, und der Motor gibt genau unter der Rudkøbing-Brücke nach mehrmaligem Spucken und Niesen seinen Geist auf.

Also muß Gustaf umschalten: Statt nach Troense muß er zum Thurø Bund, um auf der Werft den Motor nachsehen zu lassen. Er schleicht sich im Neerstrom an Stenodde-Huk vorbei und versucht, mit großen, raumen Schlägen die Lunkebugt aufzukreuzen. Bei Waldemars Slot muß er wieder den Neerstrom ausnutzen. Aber dann ist es nur noch eine Meile bis zur Werft.

Waldemars Slot leuchtet weiß zwischen Bäumen. Frieda ruft: „Och, wat nüdelich!", und Julchen will partout dort anlegen. Aber Gustaf sagt kategorisch „Quatsch!". Was soll er da am ungeschützten Steg? Das Marinemuseum kennt Julchen schon, und gegen Schlösser ist der Skipper allergisch. „Schaköng assonguh", wie die Franzosen sagen. Aber ihm stinkt er nun mal, der Schloßgeist. Statt dessen drückt er Julchen die Karte in die Hand, damit sie ihn um die Abdeckung der Bäume bei Slotshage herumfranzt. Verdammt flach die Ecke, hier außerhalb der Fahrrinne, und unsichere Stromverhältnisse obendrein. Aber man muß es versuchen. Ist ja auch nur eine Meile bis zur Werft.

„Wie tief?" ruft er Julchen zu, denn hinter dem Tonnenstrich steigt der Grund rasch auf anderthalb Meter an. Und das ist SINDBADS Grenze. – „Langt dikke", sagt Julchen, „noch sechs Meter!" – Kann nicht sein, denkt Gustaf und greift zur Karte. Wie das so ist beim Segeln: Rudergehen, Schot bedienen, Landschaft bekieken und Karte studieren schafft ein routinierter Skipper allemal mit links; wenn's sein muß, sogar gleichzeitig. Nur, daß die Akkuratesse darunter etwas leidet. Und auf die kommt es beim Segeln gerade an.

Gustaf überzeugt sich davon, daß Julchens „Sechs" wirklich eine „6" ist und windet sich um die Waldecke wie eine Ratte im Abflußrohr. Julchen muß vom Vorschiff aus die Lage peilen. Gustaf will mit einem kurzen Kreuzschlag etwas Höhe herausschinden und fällt ein wenig ab, um für die Wende mehr Schwung zu haben. „Ree!" ruft er Julchen zu. — „Aye, aye, Skipper!" kann die Deern noch antworten, da hat es auch schon gerumst.

Julchen geht mit einem eleganten Doppelsalchow außenbords — das Wasser reicht ihr bis zum Knie. Frieda kreischt aus dem Niedergang: „Huch, mein Kind! Wo ist es?" Na, und dem *Master next God* fällt am Ruder auch nichts Gescheiteres ein als: „Mannomann, wo kann dat blots angohn!" Jedenfalls sitzt die SINDBAD hoch und trokken, und ein fleißiger Strom tut ein übriges: Der Kapitän kann trockenen Fußes vom Hof reiten. Welch Glück, daß es am Svendborg Sund noch Fischer gibt! Sogar einen vom Thurø Bund. Der rupft die SINDBAD aus ihrem Sandbett und schleppt sie zur Werft.

Als sie festgemacht haben und im Cockpit nach all dem Streß ein bißchen Lorelei-Stimmung genießen, schnappt Gustaf sich die Karte; er will sich Julchens „6" noch einmal ansehen. Was er entdeckt, bringt seine Krampfadern fast zum Platzen: Die „6" ist eine „0,6"! Ein Kniff in der Karte hat die „0" fast ganz ausgelöscht.

„Was ich immer sage", brüllt er Julchen an, „auf *jede Zahl* kommt's beim Kartenlesen an!" — „Wieso *ich*!?" wehrt sich das Gör entrüstet; schließlich hat der Skipper ja selbst nachgesehen. Und den Kniff hat er auch selbst in die Karte gemacht. Um irgend etwas zu sagen (denn man soll dem Erzeuger nie das letzte Wort lassen), murmelt sie bockig: „Außerdem ist die Null gar keine *Zahl*!" — „Nee?" fragen Frieda und Gustaf gleichzeitig. „Was denn sonst?" — „Null", belehrt sie die Tochter, „ist lateinisch und heißt so viel wie ‚Nichts'. Und was unser Mathelehrer ist, der hat gesagt, Null ist nur eine Ziffer, welche die positiven von den negativen Zahlen trennt."

„Süh mal süh", knurrt Gustaf beleidigt, „tschä, wenn dat so is . . ." Und er begibt sich unter Deck, um über den Unterschied zwischen Ziffern und Zahlen nachzudenken, sowie darüber, was ein Knick in der Karte für ernste Folgen haben kann. Besonders an so einer Stelle, wo er wirklich nichts zu suchen hat.

Merke: Alles Denken führt unweigerlich zum Leiden. (Guru Krishnamurti)

In The Mud

Warum Gustaf so gerne Bootsurlaub in England macht? Vielleicht weil Britannien einst von Ruderern gegründet wurde. Keltischen zwar, aber immerhin. Na, und dann mag er die Leute dort. Sie sind für ihn so eine Art Friesen: anfangs mißtrauisch, später freundlich; aber immer wortkarg, stolz und kaum zu verstehen. In der Tat – mit der Verständigung hapert's mächtig. Was anfangs einfach aussieht, entpuppt sich rasch als Quelle peinlicher Mißverständnisse. *To be anxious* heißt keineswegs, daß man ängstlich ist. *Actual* bedeutet „wirklich" und hat mit unserem „aktuell" nur den Akt gemein. *Mood* darf um keinen Preis mit *mud* verwechselt werden; was wir *effektiv* (=tatsächlich) nennen, bedeutet auf englisch „wirksam"; ein *landlord* ist kein Adelsherr, sondern ein Kneipenwirt; ein *patron* ist nicht der Boß, sondern dessen Kunde.

Die Briten antworten darauf gern, unser Leberkäs sei ja auch nicht aus Leber gemacht, Teewurst enthalte keinen Tee und Wienerschnitzel keine Wie..., aber lassen wir das, es ist ohnehin schon problematisch genug. Tatsache ist jedenfalls, daß Gustaf und seine Lieben diesmal mit einem Charterboot die im Südosten Englands gelegene römische Festung „Burgh Castle" besichtigen wollen. Anno 100 in Norfolk auf einer Anhöhe erbaut, kon-

trolliert sie als strategische Bastion die Mündungen der sich dort vereinigenden drei Flüsse und erinnert das britische Volk ständig daran, wie schrecklich es ist, von fremden Eroberern beherrscht zu werden.

Gustaf hat sein Boot zur Nacht in Acle Dyke am River Bure festgemacht. Am nächsten Morgen soll es dann über Greath Yarmouth weiter nach Burgh Castle zu den ollen Römern gehen. Die Leute auf dem Nachbarschiff wollen da auch hin. Sie frühstücken in aller Herrgottsfrühe und legen um 08.00 Uhr ab, als Gustaf aufsteht. Warum so eilig, will er wissen. „O dear", rufen sie, „on behalf of ebb tide!"

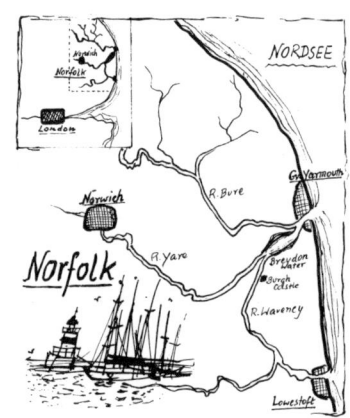

Gustaf studiert eingehend seine Wasserkarte, kann aber nichts entdecken, was zur Eile mahnt. Er hat noch vier Stunden Ebbe, und bis Yarmouth sind es nur etwa zehn Meilen; kein Grund also, auf ein gemütliches *breakfast* zu verzichten. Danach daddeln sie los und sind eine Stunde vor Stillwasser an der Küste. Gustaf wundert sich, was der sonst so stille River Bure hier für einen Affenzahn draufhat. Mann, die Pappeln flitzen nur so vorbei. Und ehe er sich's versieht, hat er schon den Brückenslalom von Great Yarmouth hinter sich.

Bei den Silos geht es scharf rechts weiter nach Breydon Water − einem großen Binnensee, in dem die Flüsse Bure, Yare und Waveney sich vereinen. Dahinter liegt − weit sichtbar − Burgh Castle. Und da wollen sie hin.

Aber die verdammte Ecke hat es in sich! Die Wirklichkeit ist ganz anders und viel schrecklicher, als auf der Karte dargestellt. Viele Pfähle, Dalben und Tonnen verwirren den Skipper; dazu einige blöde Hinweistafeln wie PASS POSTS ON STARBOARD und HUG THIS POSTS BOTH WAYS. Was *Hug* bedeutet, fragt er Julchen. *Hog?*, sagt sie, sieht im Lexikon nach und ruft: „Kastrierter Eber!" − „Quatsch", brüllt Gustaf, „Hack mit ‚uh'!" − Also Hug, warum nicht gleich: „*Hug* heißt ‚umarmen'".

Während Gustaf noch überlegt, wie er den Pfahl „in beiden Richtungen umarmen" soll, hat ihn der Ebbstrom schon mit gewaltigem Schwung bis vor den Dalben Nr. 1 geschoben. Wo nun passieren − rechts oder links? *Starboard* ist

Steuerbord, also rechts dran vorbei. – Sekunden später weiß er, daß es falsch war. Aber da hat er den Steven schon mit Braßfahrt in den Schlick gerammt. Wenig später kann er trockenen Fußes aussteigen. „Mann", sagt Julchen, „da steht doch PASS POSTS ON STARBOARD! Dann muß man die Dalben doch steuerbords liegen lassen!" – Nein, protestiert Gustaf, da steht, daß man sie Steuerbord *passieren* soll, also an der Backbordseite des eigenen Schiffes.

Während sie noch streiten, kocht Frieda Kaffee. Schön ruhig liegt man hier im Schlick, meint sie. Julchen blättert derweilen im *Skipper's Manual:* „Haste das eigentlich gelesen, Vati?" fragt sie. „Hier steht: ,*Eine Stunde vor Niedrigwasser ist die ungünstigste Zeit zum Passieren von Great Yarmouth, da der Ebbstrom dann am stärksten läuft!'* Nun weißte auch,

warum die anderen es so eilig hatten. Sag mal, Käptn, liest du so was denn nicht?" Gustaf schweigt. Was kann er dafür, daß Englisch so kompliziert ist. Auf dem Wasser einen kastrierten Eber umarmen! Sachen gibt's, also nee!

Nach dem Mittagessen beginnt ihr Boot aufzuschwimmen. Eine Stunde später machen sie in Burgh unterhalb des „Roman Castle" fest. Das römische Schlammbad ist vergessen. Halt, nicht ganz: Eine schwarze Schramme auf der weißen Außenhaut erinnert an den dicken Stein, der ihre Fahrt im Schlick von Breydon Water brutal stoppte.

Gustaf hat von England und den ollen Römern die Schnauze voll. Er will nach Hause. Er hat seine Hände in *muddy water* gewaschen. Nun hat er keinen *mood* mehr auf *mud.*

„Uanz iß enoff", oder wie die Briten sagen.

Törnvorschlag

„Ümmer nach Sonderburg", mault Frieda. Und Julchen sekundiert ihr: „Laß uns doch mal den Törnvorschlag aus der YACHT segeln: „Wenn Sie 'ne Woche Zeit haben – sieben Tage Kiel–Svendborg und zurück." Gustaf hat noch eine Woche Resturlaub. Warum also nicht?

Anfang September geht's los. Am 1.

Tag laut Vorschlag der Segelzeitschrift bei SW 3–4 in fünf Stunden nach Schleimünde. Da läuft die SINDBAD sonst mit verbundenen Augen alleine hin. Aber heute fächelt ihr müder Nordwind entgegen. Gustaf kreuzt grollend gegen umlaufende 2–3 Bft von vorn die 20 Meilen auf und hängt geschlagene 13 Stunden am Ruder. Die Giftbude in Schleimünde hat längst dichtgemacht, als sie gegen 22.00 Uhr am Zollsteg festmachen.

Der 2. Tag soll sie laut Törnvorschlag bei SW 3−4 in vier Stunden nach Mommark bringen. Leider weht es heute aber wieder aus Nord. Na ja − wehen kann man es nicht nennen, eher „hauchen". Gustaf kreuzt sich bei fast Null Wind die Seele aus dem Leib. Hinter Gammel Pøl drückt zudem auch der Strom noch gegenan. Es ist fast Mitternacht, bis sie die Leinen in Mommark festhaben. Die Fähren sind laut, die Kneipen dicht und die Fischkutter in der Überzahl. Der Zoll läßt auch auf sich warten. Gustafs Spukke schmeckt wie Salzsäure, so sauer ist er. Und kaputt.

Der 3. Tag soll es aber nun wirklich bringen. Der liebliche Svendborg Sund liegt vor ihnen. Die Yacht aus der YACHT schippert bei W 3 in drei Stunden bis Dyreborg auf Fünen. Gustaf braucht die doppelte Zeit. Aber er hat sich ja auch mit dem flauen Nord und Gegenstrom abzuquälen. Lot Schiet − seine Mädchen lieben Dyreborg. Sie schleppen Steine, Muscheln, Sahneeis und einen Haufen Seesand aufs Schiff, während Gustaf mit Sven, dem malenden Hafenboß, aktuelle EG-Probleme bespricht. Und löst!

Der 4. Tag ist lt. Törnverschlag der Höhepunkt der Reise. Da ist Svendborg dran, bei NO 4−5, Knallsonne und 25° Celsius. − Doch SINDBADS rauhe Wirklichkeit sieht anders aus: Über Nacht kommt erst SW auf, dann Regen und schließlich Wind. So plagt der Schipper

sich mühsam mit zwei Reffs im Groß, naßgeregneter Zigarre und durchweichtem Unterhemd (trotz Friesennerz und Handtuch um den Hals!) bis zum Yachtclub. Die Mädchen fauchen: Warum hier draußen, wo sie bis zur Stadt so weit zu laufen haben? Aber Gustaf ist froh, wenigstens hier zu sein, und schickt sie ins naheliegende Kino. Dort gibt es *Sissi, de Kejserinde* mit Romi S. Haben sie in Kiel vor 20 Jahren zwar schon mal gesehen. Aber immer noch besser die „Käserinde" im Trockenen als den Yachthafen im Regen.

Am 5. Tag findet dann laut YACHT bei strahlendem Sonnenschein und blauäugigem N 2−3 die romantische Reise durch die idyllische Inselwelt Südfünens nach Marstal statt − vorbei an Troense, dem Waldemar Slot und der Insel Strynø.

In Wirklichkeit pfeift Gustaf, als er morgens aus dem Schiebeluk den Stander peilt, unverändert der SW um die Schnute. Er läßt das Reff vom Vortag stehen und quetscht sich bei Thurø vorsichtig um die Ecke. Aber die grünbraune Suppe, die ihm aus dem schmalen Rudkøbing Løb entgegenfaucht, läßt ihn rasch wieder kehrtmachen und nach Troense zurücklaufen. Für heute ist Sense. Und während die YACHT-Yacht in Marstal das Schiffahrtsmuseum besucht, beehrt die SINDBAD-Crew in Troense die Søfarts-Sammlung von Holm-Petersen. Abends latscht man im Regen durch mannshohen Huflattich ums Waldemarschloß. Gustaf nervosiert; sein Zeitplan ist ins Rutschen gekommen.

Am nächsten Morgen, dem 6. Tag, hat der SW etwas nachgelassen. 4—5 etwa, aber immer noch vierkant von vorn. Am liebsten würde Gustaf gleich nach Kiel durchkreuzen, denn er traut dem Wetter nicht. Aber die Kreuzerei bis Marstal hält doch mächtig auf. Zum Schluß muß er den Motor zur Hilfe nehmen. Die Mädchen gehen abends warm verpackt an den Strand zu den bunten Badehäuschen, während Gustaf am Radio hängt, um den Wetterbericht abzuhören. Schöner Mist: SW, saukalt und regnerisch, auf 6 auffrischend. Gustaf weiß, was das heißt — für *ihn* immer 7, das ist doch klar.

Am 7. Tag hat die YACHT-Yacht längst wieder in Kiel festgemacht und brät dort in der Sonne. Die SINDBAD aber knüppelt bei Sonnenaufgang (ohne Sonne!) durch das Klør Dyb, um sich mit kleinem Zeug und Motorhilfe von der Insel Ærø freizukreuzen. Draußen steht grobe See gegenan, die ihr arg zu schaffen macht. Die Mädchen kriegen spitze Nasen und Patina im Gesicht. Dann fällt noch eine Bö ein, die sie weit nach Osten bläst. Gustaf rechnet sich kaum Chancen für Kiel aus. Er gibt deshalb einen Schrick in die Schot und fällt ab auf Bagenkop. Scheiß Törnvorschlag! Die Woche ist um, und er hockt hier auf Langeland. Sein Brief an den Chefredakteur kann sich sehen lassen.

Aber vorher muß er sich erst mal darum kümmern, wie sie auf dem schnellsten Wege via Bahn, Bus oder Fährschiff nach Kiel kommen. Denn sein Dienst beginnt morgen um 07.00 Uhr. Daran kann auch der beste Törnvorschlag der YACHT nichts ändern.

Schlüsselerlebnis

Auf der Handelsschule hat Gustaf früher einmal die Bedeutung von Soll und Haben erklärt bekommen: Das eine *hat* man, das andere *soll* man haben, klar! Etwas schwieriger zu verstehen war die Definition von Besitz und Eigentum. Das hat Gustaf nie richtig kapiert. Bis September vorigen Jahres. Da ist es ihm plötzlich klargeworden Und das kam so: Sein Freund Hannes hatte in der YACHT von einer tollen Okkasion gelesen. Ein Mann aus Bremen bot dort seine in Damp stationierte SY STINE vom Typ VINDBÖ 36' zum Verkauf an. Zwei Jahre alt, komplett für Hochseereisen ausgestattet, zu einem sagenhaft günstigen Preis. Einziger Haken: Kaufsumme bar auf die Hand. Da Hannes seine alte FRIGGA aber gerade günstig verkauft hatte, reichte der Erlös und das, was seine Olsch auf dem Sparbuch hatte, gerade, um seinen Traum von besserer Lebensqualität zu verwirklichen.

Wie kauft man eine Yacht? Dumme Frage — so wie man eine Yacht verkauft. Alle im Verein hatten das schon zigmal gemacht. Das Ritual war immer das gleiche: Besichtigung, Probefahrt, Option, Zuschlag, Vertragsunterzeichnung mit Anzahlung, Restzahlung bei Übergabe. Niemand im Verein konnte sich entsinnen, daß es mit diesem Verfahren jemals Ärger gab.

Hannes hatte mit dem Bremer das ganze Programm schön der Reihenfolge nach abgewickelt. Die Probefahrt war bestens verlaufen, das Schiff in erstklassigem Zustand, der Vertrag hieb- und stichfest. Besonders erfreut war Hannes über die Ausstattung: Vom Seefunkgerät bis zur Windlupe, von den Passatsegeln bis zum Autopiloten — alles war vorhanden. Selbst die Konservenlast war wie für eine Weltreise aufgefüllt. Hierzu befragt, erklärte der Bremer generös: „Na ja, bei solch einem Objekt soll man nicht kleinlich sein!" Hannes war es recht. In Bremen gab es eben noch noble Menschen.

So hatte er bereitwillig die halbe Kaufsumme bar angezahlt und dafür die Bootsschlüssel gegen Quittung (!) empfangen. Am Wochenende würde der Bremer mit ihm das Boot nach Kiel überführen und ihn in Einzelheiten der Bedienungstechnik einweisen. In Kiel sollte dann die Übergabe der Papiere erfolgen, wobei die Restsumme fällig würde.

Gustaf war als einziger in die Transaktion eingeweiht worden. An der Küste verhielt man sich bei Bootsgeschäften schweigsam wie ein Trappistenmönch. Zu leicht konnte einem sonst ein anderer das Objekt vor der Nase wegschnappen. Aber auf Gustaf war in dieser Hinsicht Verlaß; der hatte ja seine SINDBAD. Also heuerte Hannes ihn für die Überführungsfahrt als Mitsegler an.

Pünktlich um 13.00 Uhr standen die beiden Jantjes mit ihrem Wochenendgepäck am Liegeplatz der STINE im Damper Yachthafen. Der Platz war leer — sicher tankte der Bremer gerade, mal sehen. Aber sie sahen im Hafen nichts. Nichts? Doch — etwas sahen sie: ein Ehepaar mit Gepäck, welches am Steg unruhig auf und ab ging und anscheinend etwas suchte. Ob sie die STINE gesehen hätten, fragte Hannes. Nee, sagten sie, die suchten sie selbst; sie sollten sie heute übernehmen. Sie seien aus Schleswig, Dr. Braumöller und Gattin.

Die Kieler zuckten zusammen, als sei ihnen im Mastenschuppen ein Yeti begegnet. Ihnen schwante sofort Böses. Also hin zum Hafenmeister: Ja, die STINE sei gestern ausgelaufen, für längere Zeit, Liegegeld usw. sei korrekt abgerechnet worden. Hin zum Telefon und Bremen angerufen: Ding-dong — kein Anschluß unter dieser Nummer. Hin zu den Schleswigern: Die zuckten ängstlich Kaufvertrag, Bootsschlüssel und Schultern.

Mannomann, wat'n Hammer!" sagte Gustaf. Und Hannes knurrte den schlimmsten Fluch, der ihm gerade einfiel: „Verdampt in alle Ewigkeit!" — Da weiteres Warten sinnlos schien, machten sich die Kieler auf den Heimweg, nachdem sie zuvor mit dem Ehepaar ihre Adressen ausgetauscht hatten. Montag würde man einen Rechtsanwalt aufsuchen.

Der Anwalt ließ sich gleich den Vertrag geben. Er faßte ihn mit spitzen Fingern an, zog die Mundwinkel nach unten und sagte verächtlich: „Typisches Laienwerk!" Dann fragte er Hannes, wo denn stände, daß das Boot vom *Eigentümer* gekauft habe. Hannes wies auf Absatz drei hin. Da stände doch klar: „. . . verkauft die in seinem Besitz befindliche SY . . .".

Der Anwalt unterbrach ihn. Eigentum und Besitz seien zwei Paar Schuhe. *Besitzer* sei jeder, der die anerkannte Herrschaft über eine Sache — unabhängig von der Berechtigung — habe, also auch ein Mieter, Pächter, Entleiher — ja selbst ein Dieb. Ein *Eigentümer* hingegen besitze das Recht der vollständigen und ausschließlichen Herrschaft über eine Sache. Die Rechtslage sei demnach unklar und müsse erst mal gründlich geprüft werden.

Während Hannes den törichten Einwand vorbrachte, er habe doch die Bootsschlüssel, entsann Gustaf sich seiner Tage auf der Handelsschule. Genauso hatte er das damals gelernt. Und rasch wieder vergessen. Was man nun machen könne, fragte Hannes den Rechtsgelehrten. „Wenig", sagte der, „sofern Ihr Mann in Richtung Karibik verschwunden ist." Eine Auslieferung von dort sei fragwürdig. Anders, wenn er sich noch in Deutschland aufhalte. Hannes solle ihm eine Vollmacht erteilen, dann würde er prüfen, welche rechtlichen Schritte möglich bzw. erfolgversprechend wären.

Hannes schluckte schwer, aber er unterschrieb und hinterließ einen Scheck als Kostenvorschuß. Auf der Treppe machten sich die Freunde Luft. Hannes schimpfte: „Scheißadvokat!" Und Gustaf brummte grantig: „Mann, dat war vielleicht ein Mikroprozessor!"

Vor der Haustür klingelte Hannes mit den Bootsschlüsseln. Es klang nicht sehr fröhlich – nein, dafür war es ein zu kostspieliges Schlüsselerlebnis.

Merke: Sei im Besitz, und du wohnst im Recht. (Schiller, Wallensteins Tod, offensichtlich in Unkenntnis des BGB oder ironisch gemeint)

 *Dressurprobleme*

Der Mann vom Nachbarschiff läßt Hubertus neben sich Platz nehmen, artig die Hand geben, „Hau-hau" rufen und auf Pfiff dreimal ums Deck flitzen. Dann packt er ihn am Kinn, hebt mit der Rechten seinen Kopf an, drückt mit der Linken sein Gesäß nach unten und schiebt ihm die Füße unterm Bauch weg nach achtern. Schließlich, offenbar um das Werk zu krönen, ergreift er seinen Schwanz und zieht ihn waagerecht in die Länge. „Schön, was?" sagt er. „60 Zentimeter!"

Gustaf wohnt der Prozedur mit einiger Skepsis bei. Also, was der mit dem Hubertus macht ... ! Für eine Jury mag der Anblick solch perfekter Haltung ja umwerfend sein. Aber was hält der Hund davon? Gustaf findet jedenfalls, daß der Köter aussieht, als habe er ein Lineal verschluckt. Von der Schwanzspitze bis zur blanken Nase eine schnur-

gerade Diagonale – so steht er ängstlich, ja fast ein wenig zitternd da, um es seinem Herrn nur recht zu machen. Wer weiß, was ihm sonst droht. „An meinem Hubbi könn'se mal sehn, was Zucht und Dressur alles bewirken", sagte der Mann stolz.

„Was hälst *du* davon, Frieda?" wendet Gustaf sich seinem Kahnweib zu. Frieda blickt kurz von ihrem Strickstrumpf auf und betrachtet eingehend den roten Irish-Setter auf dem Nachbarschiff, der immer noch zitternd für seinen Herrn posiert. „Sieht aus wie Julchen bei deiner Segeldressur", sagt sie. Dann senkt sie den Blick und strickt ungerührt weiter.

Gustaf atmet tief durch und schluckt schwer. Julchen kuckt aus dem Niedergang und fragt harmlos: „Hast du dich verschluckt, Vati?" – „Nee", sagt Gustaf, „ich bin noch da."

Man spürt, daß ein Gewitter in der

Luft liegt. Julchen blickt den Skipper aus schmalen Lidspalten an und geht auf Kollisionskurs: „Mensch, Vati, merkst du eigentlich gar nicht, was für'n Chauvie du geworden bist?“

„Ich ein Schowi ... ?“ ruft der Skipper und ist vollends beleidigt.

„Na, logo“, motzt die Deern, „da kannste dir 'n Ei drauf braten! Haste etwa Kerteminde vergessen? Vor drei Jahren, als du mir beim Einlaufen lautstark die Leviten gelesen hast, nur weil das Groß nicht runterkam? Alles verschüttet, was?“

„Ach“, wiegelt Gustaf ab, „dat eine Mal. So'n lütten Seelenknuff, dat is doch längst vergessen.“

„Denkste“, kartet Julchen nach, „aber nicht bei mir. Und wie oft du mich außerdem noch geschlagen hast! Meinste, ich hab das alles vergessen? Etwa die Watsch'n auf der Schlei wegen dem falschen Knoten ...“

„Wegen des Knotens“, beruft Frieda sie. Und Gustaf fügt hinzu: „Dat diente doch nur der Ermunterung.“

„Ach nee“, sagt Julchen, „und die Kopfnuß in Marstal, als ich den Kaffeepott umstieß, das war wohl auch Ermunterung — was? Miese Behandlung war das; brutalste Segeldressur. Frag doch Mutti! Die weiß das bestimmt noch.“

„Also, wat is, Olsch“, fragt Gustaf zerknirscht, „hab' ich dat Gör jemals mißhandelt?“

„Nicht nur das“, sagt Frieda. Und fährt fort: „Mich hast du in Sonderburg sogar vors Schienbein getreten, weil ich das Backstag loswarf.“

„Ja“, ruft Gustaf wütend, „dat falsche! Und dazu noch im falschen Augenblick. Und dat war auch kein Treten, sondern nur so'n lütter Rempler. Aus Versehen.“

„Dann war der Stoß ins Kreuz, als mir in der Troense-Bucht die Ankertrosse ausrauschte, wohl auch ein Versehen, was?“ Frieda läßt nicht locker. Ganz schön gepiesackt hat er seine Mädchen. Und sie haben ständig vor Angst gezittert, daß sie was falsch gemacht haben könnten. Ja, total verängstigt! Wie der rote Köter von nebenan. Es war die gleiche Dressurmethode. Echt eingeschüchtert hat er sie damit. Typisch Mann! Und nur, weil die Kerle immer alles besser wissen und alle nach ihrer Pfeife tanzen müssen. Aber Gott sei Dank haben sie sich endlich durchgesetzt. Einigkeit macht stark!

Gustaf blickt Hubertus an; der erwidert schweifwedelnd seinen Kontaktversuch. Gustaf wirft Frieda einen kummervollen Blick zu; aber die strickt. Gustaf erwartet von Julchen ein Zeichen des Entgegenkommens; doch die ist längst unter Deck verschwunden. Er fühlt sich einsam. Wie schlimm ist es, von seinen Liebsten verkannt zu werden. Wo er doch immer nur das Beste gewollt hatte —!

„Mir kommen gleich die Tränen!" tönt es aus der Kajüte. Das war Julchen. — Wie das Kind bloß immer seine Gedanken errät?

Ost-West-Konflikt

Gustaf macht im Anschluß an den Sommertörn einen Abstecher nach Travemünde. Er will Freunde in Lübeck und Neustadt besuchen. Und das Treiben im Passathafen lockt ihn auch.

Julchens Schule beginnt am Montag, und der Skipper muß dann auch pünktlich zum Dienst erscheinen. Freitag, spätestens Sonnabend früh wollen sie sich auf den Rückweg machen. Es hängt von der Wetterlage ab. Sie brauchen Ostwind.

Aber, wie das Leben so spielt — es weht seit Tagen beharrlich aus SW-W mit 5—6 Bft. Gustaf dreht an den Knöpfen seines Grenzwellenpropheten. Doch was Kiel, Rügen oder Norddeich sagen, nützt ihm wenig. Die quasseln alle von einem ausgedehnten Rußlandhoch mit Ostenwind und Sonne. Nur daß Gustaf nichts davon hat. Denn wo *er* ist, in der Lübecker Bucht, da nieselt und bläst es von Westen.

Alles Schimpfen auf die Blödmänner von Wetterfröschen hilft Gustaf nicht weiter. Der Donnerstag vergeht mit nervöser Spannung, Westwind und Nässe. Und auch der Freitag bringt keine Änderung, außer daß Gustaf noch zappeliger wird. Das Hoch müßte längst das Schietwetter nach Westen abgedrängt haben (für Rügen wird bereits Aufheiterung und Ost 4—5 gemeldet). Aber die Mecklenburger Bucht ist eine Wetterscheide; das Nadelöhr Gedser/Warnemünde „hält das Wetter fest", wie man dort zu sagen pflegt.

Deshalb setzt Gustaf (nach zwei Nächten mit wenig Schlaf) die Abreise auf Samstag 05.00 Uhr fest. Die Frauen protestieren schwach. Sie kennen den Skipper und seine Grundsätze: Wat mutt, mutt — aber dann möglichst früh. Bis Dahmeshöved haben sie raumen Wind. Mit 1. Reff und großer Fock haspeln sie die 20 Meilen in Braßfahrt ab.

Dann geht's mit halbem Wind zum Fehmarn Sund. Der Skipper schielt dauernd nach Osten, ob sich da nix tut, etwa Sonne, Wolken oder ein göttliches Zeichen. Aber die Luft bleibt dick, und der Wind weht weiter aus Westen.

Mittags stehen sie vorm Sundeingang. Gustaf hat im Schutz von Großenbrode rasch noch das 2. Reff eingedreht und die kleine Fock angeschlagen: Der Tanz kann beginnen. Julchen ulkt mit Galgenhumor: „Jetzt geht's rund, sagte der Papagei und flog gegen den Ventilator!" – „Schweig still!" sagt Frieda und stellt sich die Pütz parat; besser ist besser, sie wird sie sicher brauchen.

Mannomann, was für eine Brühe kotzt ihnen der Sund ins Gesicht! Brauner Dreck, 7 Windstärken, dazu gute 4 Meilen Strom – und alles piel gegenan. Da der Motor mal wieder keinen Mucks von sich gibt, muß Gustaf zwanzig Schläge machen, um unter der Brücke durchzukreuzen. Stämmig wie die Eichen von Ivenak, so steht er am Ruder. Seine Pfoten – groß wie Müllschaufeln – umklammern fest die Pinne. Und, das muß der Neid ihm lassen – er verschenkt nicht einen Meter Höhe.

Es ist Nachmittag, als sie endlich quatschnaß und total fertig in Orth auf Fehmarn einlaufen. Am Flüggesand brandet weiße Jücht, und am Feuerturm baumelt der Schietappel: Es ist sinnlos, weiter gegen den Westwind anzuklotzen. Während die Mädchen Proviant einkaufen, hängt Gustaf wieder am Radio. Alles quatscht von diesem Hoch! Es ist zum Weglaufen! Wenn man nur wüßte, wohin. Auf jeden Fall werden sie über Nacht hierbleiben. Morgen *muß* das Hoch ja da sein!

Es wird ein trauriger Abend. Der West pfeift im Rigg, und das Bier im Seglerheim will auch nicht munden. Gustaf kuckt nachts jede Stunde aus dem Luk und leuchtet den Stander an: *West!* Beim Frühstück ist er so kribbelig, als habe er Flöhe gefressen. Die Zeit läuft ihm weg – bis Kiel sind es 35 Meilen. Wenn der West bis 10.00 Uhr nicht nachgelassen hat, steht er bis zum Abend durch. Dann können sie Kiel vergessen. Und Schule und Geschäft auch.

Um 10.00 Uhr weht der West immer noch. Und auch um 12.00. Gustaf trabt die Pier auf und ab wie ein Zirkustiger am Käfiggitter. „Gehen wir erst mal Hähnchen essen", sagt Frieda und schleppt die Crew zur Frittenbude am Hafen.

Aber die leckeren Gummiadler (von Julchen „Hormongeier" getauft) kleben ihnen am Gaumen. 12.30! – Gustaf klagt Fritten-Karl sein Leid. „Laßt den Kahn doch hier und fahrt mit dem Bus", rät der. Gustaf schüttelt den Kopf – Boot hierlassen? Wat'n Bleudsinn! Aber wie wollen sie sonst morgen früh in Kiel sein? „Ich kann euch den Kahn ja nachbringen", sagt Fritten-Karl. „Ich muß sowieso mal mit meiner Olsch nach Kiel. Bei günstigem Wind sind wir in 4–5 Stunden dort."

„Ja!" ruft Frieda und dankt Fritten-Karl überschwenglich. Und fragt gleich,

wann und wo der nächste Bus nach Oldenburg abfährt. – Gustaf winkt ab, denn er hat sich doch noch gar nicht entschieden. Aber Julchen ist schon an Bord geeilt und packt die Klamotten. Mit dem Bus nach Hause! Was für eine bombastische Superschaffe! – 30 Minuten später juckeln sie los. Mit Bus, Bimmelbahn und dreimal Umsteigen sind sie abends endlich in Kiel.

Gustaf hat unterwegs kein Wort geredet. Und er relaxed auch nicht, als Julchen ihn blauäugig anmacht: „Hauptsache ist doch, daß wir alle gesund sind!" – Nee, er hat sein Schiff im Stich gelassen. Er ist ein Versager. Das schmerzt so, als ob inwendig in ihm etwas zerbro-

chen ist.

Am nächsten Morgen scheint die Sonne: *Ostwind!* Um 11.00 Uhr bimmelt im Büro sein Telefon. Fritten-Karl meldet sich vom Yachthafen. Alles okay! Sechs Stunden haben sie nur gebraucht. Vielen Dank auch für den schönen Törn! Macht er gern mal wieder, wenn sich's gerade so ergibt.

Gustafs Bio-Rhythmus ist total entgleist. Erst als er nach dem Dienst am Steg seine SINDBAD streichelt, fängt er sich halbwegs wieder. Beim Abendessen tröstet Julchen ihn: „O Mann, das Leben schlägt mitunter unerbittlich zu! Ganz schön ätzend – was?" Seufz!

Der Wetterbusen

Der Schiffertisch wackelt; es geht mal wieder hoch her! Thema: Wetterprognosen. „Minsch, goh mi af mit so'n Schietkrom!" Mit Schietkrom meint Otje den technischen Aufwand, den manche Skipper treiben, um zuverlässige Seewetterberichte zu empfangen. Grenzwellen-Decoder, mit denen man Kiel Radio und Norddeich abhören kann, mögen ja noch angehn, obgleich die einen manchmal ganz schön verkohlen. Aber vom Bordcomputer druckfrisch getippte Voraussagen – nee, da hält er garnix von. Und noch weniger von den meteorologischen Lageberichten, die der bordeigene Wetterkartenzeichner täglich drahtlos liefert. Zumal auf der Ostsee! Bald ist die Technik so perfekt, daß der Mensch ganz ohne sich auskommt. Wo bleibt dabei nur das natürliche Wettergefühl?

„Ge-nau", ruft Hauke, „dat Weddergeföhl!" Bei ihm knackt bei Südwest ab 5 Bft die rechte Hüfte, und zwar schon lange bevor das Barometer fällt. Sein Doktor glaubt, es sei Arthrose. Kannscha sein, meint Hauke, funkschoniert aber trotzdem.

Auch Heini hat einen heißen Tip parat, den er den Freunden verraten möchte, falls sie ihn nicht längst kennen – den Fernsehtrick. Alle lachen: Dat geht doch nur zu Hause! Nee, sagt Heini, irgendwo steht unterwegs an Land immer eine Glotze; beim Kröger, Krämer, Havnevagt oder so. – Na und? Die Freunde wollen sich ausschütten vor Lachen: *Fernsehwetter!* Dat stimmt doch nie! – Eben, sagt Heini und grient diabolisch. Man muß nur immer mit dem *Gegenteil* rechnen: Wenn der Wetterknilch ein Islandtief ansagt, naht bestimmt ein Hoch über dem Baltikum. So einfach ist das.

Die Freunde högen sich halbtot. Heini, dieses Schlitzohr! Und plötzlich haben alle ein Patentrezept auf Lager. Auf Hinnerks MAASHOLM klemmt, sobald das Wetter umschlägt, die Klotür. Höllischer Phantomschmerz in seinem abben Zeigefinger (der vor Jahren einer Kreissäge zum Opfer fiel) warnt Egon vor aufziehenden Seegewittern. Paule bedient sich mit großem Erfolg bei seinen Törns eines chinesischen Orakelbuchs. Was Gustafs Frieda ist, die kriegt vor einsetzendem Ostwind immer ihre Migräne. Und auf Holgers Boot fängt bei aufziehendem Regenwetter die Bordkatze Pussi an zu stinken.

Rainer schickt sich gerade an, das allen sattsam bekannte Döntje vom kürzlich leider verstorbenen Jupp vom Stapel zu lassen, dem bei Hochdrucklagen die kariösen Zähne schmerzten und dessen eiserner Wassertank Spannungen hatte, die bei steigendem Thermometer – bum, bum – wie Böller knallten. Doch sein

Beitrag wird durch dröhnendes Gewieher am Tischende unterbrochen: Egon hat Otje etwas ins Ohr geflüstert. Und zwar so laut, daß alle verstanden haben, worum es geht – nämlich um Adelheids „Wetterbusen". Otje muß über die Geschichte so schrecklich lachen, daß ihm Tränen über seine rotgeäderten Wangen laufen. Nun wollen alle wissen, was es mit Adelheids Wetterbusen genau auf sich hat. (Adelheid ist Fietes Frau, die auf der SCHWENTINE das Sagen hat.)

Egon ziert sich etwas, aber dann kann er das Sprechwasser nicht länger halten und lüftet das Geheimnis um Adelheids Wetterwarte. Jeder im Hafen kennt ihre blondierte Mähne, die opulent zur Schau gestellte barocke Anatomie und ihre Vorliebe für FKK-Urlaub auf Korsika. Aber der Zahn der Zeit nagte nicht nur an Egon und Otje. Auch Adelheids üppige Formen drohten dahinzuwelken. Und da entschloß sie sich, der Natur auf die Beine zu helfen und den Busen mit Silikonkissen aufpolstern zu lassen. Ein kleiner chirurgischer Eingriff; niemand im Hafen hätte etwas davon gemerkt. Doch dann trat etwas ein, das den familiären Intimrahmen sprengte: Die Einlagen zeigten die unerwartete Eigenschaft, sich bei fallendem Luftdruck auszudehnen. Ab 1 000 Millibar um ein Drittel, darunter bis zur doppelten Größe. Dafür schlug ihr Alabasterleib bei Hochdrucklagen häßliche Falten.

Seitdem braucht Fiete auf der SCHWENTINE kein Barometer mehr. Es genügt, seiner Adelheid aufs Herz zu schauen –

schon weiß er, wann er spinnakern kann und wann es Zeit zum Reffen ist. Je größer die Oberweite, desto kleiner die Segel. Er wollte nie darüber reden. Aber kann ein Segler so etwas dauernd runterschlucken? Also erzählte er in einer schwachen Stunde Egon davon. Streng vertraulich natürlich. Der schwor, auf ewig zu schweigen. Aber Seglerschwüre sind nicht mehr wert als die Garantieerklärung eines Gebrauchtwagenhändlers. Und so erfuhr es heute der Schiffertisch – selbstredend streng vertraulich.

Gustaf berichtet abends im Bett Frieda davon. Streng vertraulich! Doch das hätte er lieber nicht tun sollen. Schon mal was von weiblicher Solidarität gehört? Mann, wat'n Zoff! Zwei Wochenenden will sie nicht mehr mitsegeln. Und als Julchen den Boß am Frühstückstisch begrüßt, ist sie auch schon eingeweiht und sagt spitz: „Logo, daß der Mensch vom Affen abstammt. Der eine mehr, der andere weniger!" Dabei hat Gustaf doch nur . . .

Merke: In Worten erleichtert sich der schwerbeladene Busen. (Schiller, Don Carlos).

Ortskundige Hilfe

Für das vorletzte Fehmarn-Rennen hat Gustaf auf der HAMBURG, dem Clubschiff des VEREINS NORDSEE, angemustert. Als „ortskundiger" Rudergänger. Skipper Jimmy kennt er schon viele Jahre. Alle anderen sind neu. Die Navigation macht Kalle, ein kleiner Rotschopf aus Buxtehude. Er sieht aus wie der dänische Koch von der Muppet-Show, und Gustaf begegnet ihm (nicht nur seiner Haarfarbe wegen) mit größtem Mißtrauen.

Der Wind ist frisch und weht aus Nordost. Sie rauschen mit hoher Fahrt unter Genua 2 in den schwarzen Sack des Fehmarnsundes. Als sie gegen 22.00 Uhr Flügge-Feuer querab peilen, überholen sie hautnah eine kleinere Yacht. Es ist die OLGA aus Gustafs Verein. Ein Boot der Jugendgruppe, ein alter Halbtonner. Der nächste Drücker schiebt die HAMBURG rasch an dem Kleinen vorbei. „Tschüs!" ruft man sich zu, und „Bis später!"

Bei Tonne Sund-Ost luvt Gustaf an, soweit die Genua mitmacht. Und er läßt die HAMBURG in die kurze See knallen, daß das Rigg wackelt. Da steckt Kalle, der Navi, den Döz aus dem Luk und will von Gustaf wissen, wann er über Stag gehen will. Gustaf sieht sich um – außer stickendusterer Nacht, dem Feuer von Staberhuk Backbord voraus und ein paar

blinkenden Fahrwassertonnen sieht er nichts. „Navigier' ich oder du?" schnauzt er den Rotfuchs an. – „Ich meine ja nur ...", sagt er entschuldigend und blickt dabei Jimmy an, „immerhin liegen vor der Ecke ja Steine." – Doch Skipper Jimmy hält sich da fein heraus. „Macht man ...", sagt er und geht unter Deck.

Gustaf zuckt die Schultern. Ohne Landsicht und Karte weiß er auch keinen Rat. Da er die HAMBURG nicht auf die Klamotten vor Staberhuk donnern will, schippert er also weiter hoch am Wind Kurs 90 Grad. So geht das eine ganze Weile, bis Staberhuk fast achteraus peilt und Gustaf die Sache zu dumm wird.

„Nun müßten wir wohl langsam mal ...", sagt er zu Jimmy, der daraufhin die Genua bergen und auf Backbordbug wenden läßt. Er vertraut blindlings auf Gustafs Reviererfahrung. Gustaf wiederum glaubt, für die Taktik sei doch wohl der Navi verantwortlich. Jener aber hält auf diesem Teil der Strecke Gustaf für kompetent. Sozusagen ein Fall von unklar delegierter Verantwortung. Und ohne exakte Peilung. Scheunen Schiet!

Jedenfalls weiß niemand genau, wie groß ihr Abstand von Staberhuk inzwischen ist. Jimmy läßt den großen Blister setzen, damit sie mit halbem Wind auf Nordwestkurs die Insel im großen Bogen umfahren können. Zu ihrem Erstaunen peilen sie das Fehmarnbelt-Feuerschiff aber nicht voraus, sondern vier Strich an Backbord, und sie müssen weiter abfallen. Der Blister zieht nicht, da das aufgefierte Großsegel ihn abdeckt. Jimmy kurbelt nervös an den Winschen. Er ärgert sich, daß er das falsche Segel fährt. Und Gustaf wundert sich, daß sie den Wind jetzt backstags haben und Jimmy was von Radialspi und Blooper murmelt, die er bei Hellerwerden setzen lassen will.

Bald nach Passieren des Feuerschiffs taucht voraus eine blaßfunkelnde Hecklaterne auf – ein kleinerer Konkurrent. Er läuft vor ihnen flink unter Spi. Und die (falsch besegelte) HAMBURG hat alle Mühe, ihn zu überholen. Als sie ihn endlich erwischt hat, preit Jimmy ihn leutselig an: „Na, wer seid *ihr* denn?" – „Die OLGA aus Kiel. Und ihr?"

Jimmy verschlägt's die Sprache. Die OLGA? Diesen Mistkahn haben sie doch am Flüggesand schon einmal überholt. Und jetzt wieder? Da stimmt doch was nicht. „Wir sind die HAMBURG!" ruft er barsch. „Da staunt ihr, was? Nun gebt schon zu, daß ihr gemogelt habt! – Ihr seid gar nicht um *Fehmarn* gesegelt! Mit Motor vielleicht oder vor Flügge abgedreht."

„Ihr spinnt wohl", ruft man von drüben, „bei Staberhuk ging's knarsch um die Ecke und dann unter Spi zum Feuerschiff. Warum seid ihr denn nach Osten weitergelaufen? Wolltet ihr in die DDR abhauen? Ha, ha, ha!"

Während Jimmy sich weiter mit den Kielern herumzankt und was von „Protest" quatscht, möchte Gustaf sich am liebsten unter die Ducht verkriechen. Wenn die Nachbarn ihn bloß nicht erkennen! Natürlich haben die Jungs Fehmarn korrekt gerundet. Aber er, Gustaf, hat viel zu weit nach Osten ausgeholt und gute acht bis zehn Meilen verschenkt.

Er weiß selbst nicht, warum er nicht auf einer Peilung des Staberhuk-Feuers bestanden hat. Aber war das denn nicht Sache des Navigators? Mist! – Er ahnte ja gleich, daß der rotfuchsige Navi eine Knalltüte war. Nun hat selbstverständlich er als „Ortskundiger" schuld.

Jimmy würdigt ihn keines Blickes. Er läßt den großen Radialspi setzen und löst Gustaf am Ruder ab. Er *muß* zum Feld aufschließen! Welche Blamage, mit der schnellen HAMBURG am Tampen zu hängen! Aber es nützt nichts mehr. Die (von

Gustaf!!) vor Staberhuk verschenkten Meilen sind nicht mehr gutzumachen. Alle sind auf ihn wütend. Nur der Navi, der doch der eigentlich Schuldige ist, zwinkert ihm aus dem Niedergangsluk verschmitzt zu.

„Scheiß Regattasegeln", denkt Gustaf und schwört, es nie wieder zu tun.

Alsterblick

Ein neuer Mann ist im Verein aufgetaucht: Klaus D. von der JUKUNDA. Das muß ein merkwürdiger Typ sein. Er schleicht grußlos über die Stege, die Augen züchtig niedergeschlagen, den Blick meditativ auf die Fußspitzen gerichtet. Fromm oder kurzsichtig, rät Gustaf. „Nee", sagt Julchen, „der hat den Alsterblick." − Alsterblick? − „Na, wegen der vielen Hundesch . . .", will Julchen sagen, aber Frieda stoppt sie brüsk: „Pfui!" − „Na ja", sagt Julchen, „in den Alsteranlagen liegt doch so viel Hundedreck herum, daß man dort Stelzen braucht. Sicher ist er ein *dogshit scout.*"

„Quatsch", brummt Gustaf. Wieso sucht der Kerl Hundeschiet am Kieler Hindenburgufer? So'n Blödsinn! Und er fragt Heini. Dem ist der Spurensucher auch schon aufgefallen. Die Jugend nennt ihn ohnehin schon „Tracy, den Spürhund". Komisch, nöch? Irgendwat muß er doch am Steg suchen. Und zwar bestimmt keine Köter; die sind im Hafen angeleint.

Am nächsten Wochenende fehlt Heini ein Tampen. Ein 20 Meter langes, neues Perlonende, das er zum Trocknen am Steggeländer aufgehängt und dort vergessen hatte. Nu is'se futsch, de Lien − Mann, wat'n Schiet! „Vielleicht runtergeweht", meint Gustaf. Nee, Heini hat dat Ende mit'n Webleinenstek und zwei halben Schlägen ganz ordentlich festgetüdelt. „Also geklaut", folgert Gustaf messerscharf. „Ach", winkt Heini ab, „wer klaut schon'n Tampen! Allenfalls Radios, Kompasse und Kieker. Aber 'n Tampen?" Trotzdem ist er weg; und Heini hat den Schaden, denn die Versicherung zahlt nur bei Einbruch und dann auch nur den Zeitwert.

Am Sonntag darauf vermißt Fiete, als er vom Wochenendtörn in den heimischen Hafen zurückkehrt, eine der beiden Dehnungsfedern für die achteren Festmacher. Ausgerechnet die an Backbord. Fiete hat sie erst im Frühjahr gekauft, weil die neuen Fährschiffe so viel Schwell machen und ihm schon zweimal eine Klampe ausgerissen wurde.

Bald danach ist von Julchens Jollen-Fockschot der teure Messing-Karabinerhaken mit Schraubverschluß verschwunden. Spurlos! Gestern hing er noch dran – heute ist er futsch. Gustaf wettert gleich los: „Dat verdammte Gör!" Wie oft hat er ihr schon verboten, die Jolle mit der Fockschot anzubinden. Wo sie doch vier neue Festmacher hat! Aber nee – die Fockschot ist ja schneller zur Hand! Und jetzt ist der Schotschäkel weg, der teure.

Am Schiffertisch halten die Freunde Kriegsrat. Dem einen fehlt eine Wurfleine, dem anderen aus der Halterung am Heckkorb die Rettungsboje nebst Kork und Flagge. Und Hinnerk trauert gar seinem selbstgebauten Bootshaken-Spinnakerbaum-Peilstock nach, den er mit einer Meterskala für Handlotungen und Peilmarken für den Wassertank versehen hatte. Nahezu unersetzlich! Aber wer klaut so etwas bloß? Völlig idiotisch. Nur auf Hinnerks MAASHOLM zu gebrauchen.

Otje schüttelt den Kopf: „Dat is keen Klauer. Dat's 'n *Afstauber!*" Und er denkt zurück an seine Zeit beim Bund, wo vor Appellen auch immer das „Abstauben" losging – eine milde Umschreibung für den verwerflichen Tatbestand des Kameradendiebstahls. Doch wem könnte man derartiges im Yachthafen zutrauen? Sie gehen alle der Reihe nach durch. Niemand, den sie kennen, kommt in Frage.

„Halt", ruft Winfried, „ich hab's: Tracy – der Fährtensucher mit dem Alsterblick!" Richtig, den hatten sie ganz vergessen. Nur der konnte, ja *mußte* es sein. Sie arbeiten einen Wachplan aus und legen sich nachts abwechselnd auf die Lauer. Am dritten Abend haben sie ihn erwischt, den Tracy, als er gerade versucht, von Winfrieds Besanbaumnock einen Reserveblock abzumontieren. Er tut sehr zerknirscht und will alles zurückgeben. Einiges hat er auf seiner JUKUNDA versteckt, alles übrige zu Hause im Keller. Er hat Probleme: Die Frau ist ihm weggelaufen, hohe Schulden drücken, und sein Job wackelt auch. Nein, ein Kleptomane ist er nicht. Gewiß nicht – aber dies merkwürdige Kribbeln in den Fingern ist da. Es beginnt immer, wenn er etwas sieht, das er auf seiner JUKUNDA brauchen könnte. Und das ist viel.

Der Schifferrat tagt: Daher also der „suchende Blick"! „Quatsch", sagt Gustaf, „jeder hat schon mal was organisiert." Hinnerk protestiert heftig: Er nicht! Doch er wird überstimmt. Nur aus dem Verein muß Tracy raus; schon der anderen wegen und überhaupt. Vielleicht geht er ja sogar freiwillig.

Gustaf liegt lange im Bett wach. Er denkt an Schleimünde. Dort hat er mal eine Flaggenleine „gefunden", ganz zufällig. Im Sand von Anholt waren es 50 Meter geteertes Hanftau, das die Fischer dort wohl „ausgemustert" hatten (er fährt es heute noch auf der SINDBAD als Schlepptrosse). Und war da nicht in Marstal auch mal was mit einer „vergessenen" Öljacke, auf die er im Hafen stieß? – Je länger er nachdenkt, desto mehr Sünden fallen ihm ein: der ihm in Burgstaaken „zugewehte" Segelsack; das

vor Sonderburg „treibend" aufgefischte Ösfaß; die an Otje „versehentlich" nicht zurückgegebenen Lackpinsel; die drei bis vier „herrenlosen" Fender, die er in seinem Leben (mindestens!) einkassiert hat ...

Mannomann – je länger er grübelt, desto heißer wird ihm. Und während er ins Schwitzen gerät wie in der Hochzeitsnacht, beschließt er, gleich morgen die Freunde anzurufen, damit sie bei Tracy Gnade vor Recht walten lassen. Denn wer im Glashaus schwitzt, soll anderen keine Grube graben. Oder so ähnlich.

Königlicher Sport

Nu denkt bloß nicht gleich an Tennis oder Polo. Nee — in fast allen Königreichen zwischen Hammerfest und Marrakesch kriegen die Monarchen zu festlichen Anlässen von ihrem Volk *Motoryachten* geschenkt. Nicht etwa von der Bootsbauerinnung. Nee — echt vom Volk! Toll wat!

Und damit wären wir bei *uns*. Wat tut das Volk hierzulande? Kuddl Schmook haben ein paar halbwüchsige Ökofreaks in meterhohen Lettern „Ich Luftverpester" an die Bordwand gesprüht. Überall verbieten Länder und Gemeinden das Motorbootfahren auf Binnengewässern. Und wo sie es noch dulden, begrenzen sie die PS-Zahl auf Mopedstärke. Ob in Nord oder Süd: Beifallsüchtige Politiker, unheilverkündende Presse- und Fernsehauguren — vornweg die immergrünen Naturapostel — laufen allerorts Amok, sobald sie ein Motorboot sehen.

Warum Gustaf sich überhaupt so für die Kollegen vom qualmenden Heck einsetzt? Na, weil sie ihm leid tun, die ungeliebten „Schweißfüße der Nation". Außerdem tuckert er selber gern betulich über romantische Binnenwasserstraßen. Bloß nicht in Deutschland, wo Umweltprediger das Wort „Zweitakter" nur mit Tränen in der Stimme aussprechen, wo Germanisten den Begriff „Autbord" als undeutsch verbannen und wo Wasserbehörden Motorboote schlechthin als Ökokiller Nr. 1 ansehen (wer Motorboot fährt, schießt auch auf Katzen!). Dabei haben die Amis das Zweitakterproblem schon vor 20 Jahren auf ihren Binnenseen gründlich erforscht und keinerlei negative Einflüsse festgestellt. Und auch bei uns ist längst wissenschaftlich bewiesen, daß Bootsmotoren keine Umweltschäden verursachen. Deshalb hält Gustaf die ganze Panikmache auch nur für einen Versuch der Ämter, dat Volk von den echten Problemen abzulenken.

Wer versaut die Natur denn wirklich? Ein Düsenjet stößt in einer Stunde mehr Dreck ab als 10 000 Motorboote. Die 216 westdeutschen Kohlekraftwerke blasen immer noch Jahr für Jahr zwei Millionen Tonnen (!) Schwefelgas in die Luft, weil der Einbau eines Rauchgasreinigers die Stromgewinnung zu teuer machen würde! Und wer verursacht Staublungen, Bleinieren oder Asbesttumore? Wer vergiftet im Alten Land die Kühe? Und wer verdreckt die Küsten mit Ölpest? — Vergammelte Billigflaggen-Tanker oder Kuddl Schmooks liebevoll gepflegtes Wasser-Schnauferl? Na also, warum jagt man dann die Falschen!

Mal ehrlich: Daß unsere großen Flüsse überhaupt noch fließen und nicht längst zu einem buntschillernden Chemiepudding erstarrt sind, verdanken wir der

Schiffahrt (der kleinen und großen). Deren Propeller rühren die Soße nämlich immer wieder durch und reichern sie dadurch mit Sauerstoff an. Man muß mal an die Themse denken. Die war solange ein stinkender Graben, bis eine einsichtsvolle Wasserbehörde alle Abwässerzuleitungen dichtmachte. Dann war sie in wenigen Jahren badesauber, obwohl die Motorboote dort so dicht angesiedelt sind, daß man am Wochenende vor lauter Booten kaum noch Wasser sieht. Auf den Norfolk Broads, in Irland, Holland und auf den französischen Kanälen ist es so ähnlich. Und die Fabel von der „Energieverschwendung"? Gustaf kann darüber nur lachen. Sicher gibt es (wie auch bei Menschen und Autos) Säufer. Aber die 9-m-Dieselboote, die er im Ausland fuhr, verbrauchten bei 1 200 bis 1 500 U/min kaum mehr als 1,2 l/h. (Gustafs VW-Käfer wäre froh, wenn er mit der zehnfachen Spritmenge auskäme!)

Schluß mit der Panikmache! Im Faulschlamm erstickende Binnenseen, das Umkippen ganzer Meeresteile, das Fischsterben im Mittelmeer, die Ausrottung der Störche und die Erosion der Alpenhochtäler, der saure Regen über Kanada, die mit Säure verdünnte Nordsee – das sind gewiß echte Probleme. Nur sind ihre Verursacher nicht die *Motorboote* – die Prügelknaben der Nation! Gustaf versteht nicht, warum immer sie die Klassenkeile einstecken müssen. Und er hat eine klasse Idee:

Wenn wir schon keine Monarchen als Lobbyisten haben und die Fachverbände für diese Aufgabe zu schwach sind, müssen die Outlaws der Meere sich eben eine eigene starke Lobby in Bonn schaffen. Etwa wie die Beamten, die Chemische Industrie oder die Zahnärzte. Und solange es den Seen und Flüssen an Sauerstoff gebricht, muß die Lobby dafür sorgen, daß die Anschaffung von Motorbooten subventioniert wird, die Betriebskosten zu steuerlich absetzbaren Sonderausgaben erklärt und alle undemokratischen Zulassungsbeschränkungen aufgehoben werden. Den sich rasch verzehnfachenden Skippern müßte zur Auflage gemacht werden, zweimal wöchentlich mindestens eine Stunde lang das Wasser der an Atemnot leidenden Biotopen kräftig mit ihren Props durchzuquirlen. Jawoll!

Aber wer hört schon auf Gustaf! Er ist ja nur ein dummer Strippenzieher vun de Woterkant. – Und auch Julchen fällt dazu nichts besseres ein als der dröge Hinweis: „Vatis Piep-Show, echt stark: je drunter desto drüber!"

Merke: Tue deinen Mund auf für die Stummen und für die Sache aller, die verlassen sind. (Sprüche Salomos 31, 8)

Een sien Uhl ...

„*Tastes differ*" nennen es die Engländer. „*Nil admirari*" sagten die Römer. Und in Hamburg heißt es: „Een sien Uhl is den annern sien Nachtigall." Womit bekanntlich die Relativität aller Dinge gemeint ist.

Ach, meint Gustaf, wie schön ist es doch, in einer freien Gesellschaft zu leben, wo jeder tun kann, was ihm beliebt. Zumindest beim Segeln. Da kannste mit 'nem Heizungskessel über den Atlantik schippern, die Arktis im Schlauchboot umsegeln oder mit 'nem Hobie Cat um die Welt surfen – niemand quatscht dir da hinein. Niemand schreibt dir vor, wie dein Kahn auszusehen hat – ja nicht mal, ob er schwimmfähig sein muß. Hauptsache, du hast Spaß damit.

So findet Gustaf zum Beispiel eines Tages in seiner Yachtzeitung etwas abgebildet, was er bis dato nicht kannte – einen „Eulenfänger". Da alles Neue seine Neugier weckt, sieht er gleich im Seglerlexikon nach. Aber da steht der Eulenfänger noch nicht drin. Also bleibt ihm nichts weiter übrig: Er muß den Text lesen.

Doch mit den Texten is dat so: Das meiste versteht er leider nicht. Dafür gibt es gottlob aber die schönen Piktschers, manche sogar in Farbe. Und auch der Eulenfänger ist so deutlich abgebildet, daß man jede Einzelheit genau erkennen kann – fast wie bei Beate Uhse. Was Gustaf also sieht, ist eine dieser neumodischen schwimmenden Verlustzuweisungen, mit denen heutzutage moderne, aufgeschlossene Männer Hochseeroulett spielen: eine flachbäuchige Rennflunder, fast so breit wie lang, mit Stummelkiel und Spatenruder.

Aber sie segelt nicht schön aufrecht mit alle Mann ärschlings auf der Luvkante. Nee, sie fängt gerade „eine Eule", d. h. sie liegt flach auf dem Ohr, steckt Kiel und Ruder aus dem Wasser und rammt mit der Schnauze die See. Mit anderen Worten: Sie ist soeben vierkant aus dem Ruder gelaufen: Groß und Blooper stehen back, während sich der Spi gerade eine Waggonladung Seewasser in den Bauch schaufelt.

Ein paar Köpfe schielen besorgt über den Rand des steil geneigten Decks. Sie kucken so dumm aus der Wäsche wie weiland die Kölner, nachdem sie die Heinzelmännchen vergrault hatten. Tjä...wat nu?

Solche Bilder bereiten Gustaf immer aufrichtiges Vergnügen. Schließlich soll jeder segeln, wie es ihm beliebt. Zwar hat die SINDBAD noch keine Eule gefangen, aber die hat ja auch einen richtigen Kiel, dort wo er hingehört, und ein tiefgreifendes Ruderblatt statt einem spaten-großen Rudiment. Immerhin ist sein Interesse geweckt.

Mal sehen, was das Blatt dazu schreibt. Mannomann – da erklärt einer von diesen Yachtsport-Köhnlechnern, die alles immer ganz genau wissen, weshalb es richtig ist, den Lateralplan in zwei mickrige Stummel zu unterteilen: besserer Gleitwinkel und günstigeres Verhältnis von Antrieb und Widerstand. Auch wird das Kreisintegral der Zirkulation verbessert, was die Umströmungsgeschwindigkeit des Profils entscheidend beeinflußt. Na, und die Wendigkeit erst! Dreht auf dem Teller!

Nee, auf dem Teller dreht die SINDBAD nicht. Warum sollte sie auch! Dafür fängt sie keine Eulen. Das überläßt sie den anderen und hält sich lieber an die Nachtigallen. Es dreht sich im Leben ohnehin alles im Kreis. Man muß nur ein wenig Geduld haben, dann ist das Alte plötzlich wieder „in". Was für eine Sensation war vor 100 Jahren, zur Zeit der schmalen englischen Kutteryachten (der sogenannten „Lineale"), das Auftauchen der ersten Schwertyachten! Sie waren nur acht Meter lang und drei Meter breit bei 50 cm Tiefgang. Aber sie fuhren bis zu 250 qm (!) Tuch.

Ach ja, und um die Jahrhundertwende kam auch die Ablösung der integrierten Ballastkiele durch eiserne Platten mit einer dicken „Bleizigarre" – die Vorläufer der späteren Starklasse. Auch „Spatenruder" existierten schon vor 1900 als sog. „Balanceruder". Und erst die skurrilen

Peitschenmasten, mit denen ab 1910 die ersten Schärenkreuzer und in den 20er Jahren die eleganten nationalen 30er, 45er und 75er Kreuzerklassen geschmückt waren! Manche werben noch heute auf dem Bodensee für Nostalgie! Gustaf fiel fast vom Stengel, als er sie als neuste Kreation auf dem America's-Cup-Zwölfer AUSTRALIA des Jahres 1980 wiederentdeckte – just als ob 60 Jahre Fortschritt nicht stattgefunden hätten. Das gilt auch für die Segel: So etwas wie den neuentdeckten „Blister" fuhr sein Opa schon vor 50 Jahren als Raumballon.

In einem alten Seglerhandbuch von 1889 fand Gustaf den Riß des Bostoner Cat-Bootes CAPRICE. Es gleicht bis auf die Beschläge exakt den heutigen Nachbauten. Und auch einen Colin-Archer-Vorläufer fand er in dem Schmöker – von zeitloser, funktioneller Schönheit, wie er heute nicht besser designed werden könnte.

Anachronismen? Quatsch – eines Tages wiederholt sich alles. Vielleicht fördern die Segler in 100 Jahren den Riß des Eulenfängers aus alten Pandekten ans Tageslicht und schreien: Hurrah! Eulen fangen – ein Riesengaudi! Den Pott müssen wir mal nachbauen!

Ach nee, geht nicht. Bis dahin (oder viel früher) haben wir längst den Segelboot-TÜV, der alles verbietet, was einst den Segelcracks Spaß machte.

Ätsch – das haben wir vom Fortschritt!

Fehltritt mit Folgen

„Igittigitt – was riecht denn hier so streng . . . ?" Frieda sog die Luft tief ein. Riechen war geschmeichelt: Es roch nicht, es stank. Und zwar nach Naphthalin, WC-Reiniger und Mottenkugeln. Sauber zwar, aber nicht sonderlich einladend. Ort der Handlung: der 33-Fuß-Kabinenkreuzer ROYAL OAK von Mr. und Mrs. Briddles Charterboot-Flotte; beheimatet in Kingston an den lieblichen Ufern der Royal Thames. Zeit: Anfang der 70er Jahre.

Gustaf und Frieda waren im Begriff, ihren Herbsturlaub auf der Themse zu verbringen. Und zwar auf einem Charterboot von Mr. und Mrs. Briddle. Es war ein großes und prächtig gepflegtes Hausboot mit Heizung, Dusche und TV. Nur das Klo stank. Es war ein recht merkwürdiges Klo. Ehrlich – Gustaf kannte Bordklos aller Systeme und Komfortstufen. Aber keines war so apart (und roch so aufregend) wie Mr. Briddles Thronsitz auf HMS ROYAL OAK. Es bestand aus einem imposanten naturlakkierten Holzkasten mit Klappdeckel, der würdig gewesen wäre, in seinen Innereien eines dieser edlen viktorianischen Porzellanbecken zu beherbergen, mit bunten Fischköpfen und Drachendekor. Aber unter dem Deckel verbarg sich lediglich ein graugesprenkelter Emailleeimer – halb gefüllt mit einer blauen, stark nach Chemie duftenden Flüssigkeit. Daneben, an der Wand, ein Kästchen mit Reservepackungen nebst einer handschriftlichen Rezeptur für die bedarfsweise Herstellung einer Ersatzfüllung. Dazu eine Liste der Schleusen, auf denen der Eimer geleert werden könne.

Auf Friedas erstaunte Frage, wo denn hier der Fortschritt sei, zuckte Mr. Briddle nur die Schultern. Er betriebe sein Geschäft schon 30 Jahre und habe nie Beanstandungen gehabt. Höchstens mal durch streitsüchtige deutsche Mieter. Aber auch sie hätten sich daran gewöhnt. Es sei wirklich sehr praktisch – leicht zu handhaben und absolut störungsfrei.

Gustaf und Frieda hatten drei Tage lang die liebliche Themse zu ihrer vollsten Zufriedenheit befahren. Sie hatten historische Themse-Barken, Tudor-Schlösser und Windsor Castle besichtigt und somit den British Way of Life ausgiebig kennengelernt. Jetzt hatten sie zur Nacht an der Mooring des altertümlichen Städtchens Wallingford vertäut, wo ihnen ein Gang durch die engen Gassen neue tiefe Einblicke in das Ambiente der Themse-Anwohner verschaffte. Besonders entzückt war Frieda von den herzigen Schildchen an den Laternenpfählen, auf denen in altmodischer Schrift verkündet wurde, „daß diejenige

Person, deren Hund die Straße verunreinige, selbige zu säubern und zudem eine Buße von £ 5,— zu entrichten habe". Gustaf mußte dabei an seinen inzwischen randvollen Eimer unter dem Thron der ROYAL OAK denken. Die nächste Schleuse mit „Klärwerk" war laut Liste „*Day's Lock*" bei Little Wittenham — etwa fünf Meilen stromauf.

Es war Sonntag. Schon früher war ihnen aufgefallen, mit welcher Hingabe die Schleusenwärter ihre Arbeitsstelle mit Sträuchern und Blumen schmückten. Die Wittenham-Schleuse aber übertraf alles bisher Gesehene: Mächtige Rabatten edler Lady-Curzon-Rosen umrahmten einen riesigen Rhododendronbusch, rechts und links flankiert von Beeten mit bunten Veilchen. Ein Meisterstück britischer Gartenarchitektur! Und Gustaf erfuhr beim Anlegen auch gleich den Grund: Ein Wettbewerb fand statt. Heute sollte die schönste Themse-Schleuse prämiert werden. Man wartete bereits auf die Kommission der Fluß-Aufsichtsbehörde.

Gustaf ortete die Lokalitäten. Ein Schild „*Sewage Disposal*" wies zu einem großen, offenen Eisentank unter schwerbehangenen Holunderbüschen. Das mußte es sein! — Er schnappte sich den schwappenden Eimer, dessen blaue Brühe bedenklich am Eichstrich leckte, und

kletterte damit an Land. „Paß auf, daß du nicht stolperst!" rief Frieda, aber sie hätte besser geschwiegen. Gustaf drehte nämlich den Kopf nach achtern und fragte: „Wat . . . ?"

Bevor Frieda antworten konnte, war es schon geschehen. Gustaf hatte eine niedrige Umrandung übersehen, die das Rosenbeet gegen unbotmäßige Füße schützen sollte. Rrumms, Platsch, Riesel — da lag er bereits der Länge nach in des Schleusenmeisters Blumenpracht. Und der Inhalt des grauen Eimers ergoß sich über Hunnenbeine, preußisch-exakt geharkten Wegekies und — leider — auch über Lady Curzons edle Rosen.

Zwei Dinge kann Gustaf im Leben nie vergessen: Erstens das kreischende Geräusch, mit dem SINDBADS Mast vor drei Jahren in der Gewitterbö bei Schleimünde von oben kam. Und zweitens — erraten! — das unkönigliche Gebrüll des Schleusenmeisters von Little Wittenham an einem warmen, sonnigen Sonntag am Ufer der lieblichen Royal Thames.

Der Vorfall liegt, wie gesagt, einige Jahre zurück. Es kann durchaus sein, daß Mr. Briddle inzwischen modernere Thronsitze in seine Boote eingebaut hat — ja, es ist sogar wahrscheinlich. Wer kennt sich in britischen Seelen aus? Gustaf war seitdem leider nicht mehr dort.

Kesselschlacht

Es war eine Horde von 6 bis 8 Bengels und Deerns, die den stillen Hafen von Spodsbjerg mit Leben erfüllten. Die Eltern lagen dort mit ihren Booten und sahen zu, wie die Gören sich amüsierten. Alle waren Kieler Sprotten: Speedy von der ALBATROS, Willi Pickenback von der THALATTA, Fritz Pösel von der dicken Motoryacht. Na, und natürlich Julchen von der SINDBAD. Nur war sie damals viel lütter als heute, also etwa 7 Jahre alt.

Es war die große Zeit der Beiboot-Regatten. Alle Yachten hatten eins mit: aus Gummi, Holz oder Plastik; an Deck, in Heckdavits oder, wie die SINDBAD, im Schlepp. Das Wetter war sonnig und windlos, und die Gören trieben ihre lauten Wasserspiele am südlich der Hafeneinfahrt gelegenen Badestrand. Plötzlich kam Julchen aufgeregt angerudert: „Vati, Mutti — da draußen ist ein riiiesiger Fisch! Mindestens sooo groß!" Sie hielt die ausgestreckten Hände gut einen Meter auseinander — ein typisches Anglerkind.

„Aha", sagte Gustaf, „so groß also." Dann war wohl die Hälfte richtig. „Und wat nu?" — „Na, jetzt brauche ich den Pekhaken. Wir wollen ihn jagen!" Und sie griff sich rasch den Bootshaken und verschwand mit ihrem Dingi hastig rudernd hinter dem Molenkopf. Von dort hörte man daraufhin höllisches Ge-

kreisch und die von präpubertären Krächztönen leicht entstellte Kommandostimme Speedys, des Anführers. „Gib ihm Saures! Druff! Halt, du Aas! Zack — das saß! Volltreffer!" so tönte es hinter der Mole laut in den stahlblauen Nachmittagshimmel über der lieblichen Insel Langeland.

Was mochten sie da bloß anstellen? Frieda wurde unruhig. „Los, Alter, laß uns doch mal nach ihnen sehen." Gesagt, getan — sie spazierten zum Strand. Was sie dort sahen, war eine Mischung aus Indianergemetzel am *Wounded Knee* und Kesseltreiben bei einer Kaiserlichen Hofjagd. Die Dingis hatten sich im Kreis um eine Stelle gruppiert, wo anscheinend etwas los war. Ein paar Kinder waren ins flache Wasser gesprungen und schlugen heftig mit Paddeln, Bootshaken und Angelruten ins aufgewühlte Wasser. „Hier", riefen sie den Dingibesatzungen zu, „hier vorn is er! — Nu is er weg. — Jetzt is er hier! — Peng, Treffer!!"

Gustaf rief sein Töchting ans Ufer. Was der Quatsch solle, verdammt noch mal. „Mönsch, Vati, wir jagen einen dicken Steinbeißer! Mann, ein Rieseneumel von Fisch! Ich hab ihn schon in der Hand gehabt, aber er war zu glitschig."

Frieda mischte sich ein: „Bist du mall? Ein Tier zu quälen! Komm sofort an Bord!" — Julchen zog erst eine Flunsch, dann brüllte sie wie am Spieß. – Frau Pösel von der dicken Motoryacht war dazugetreten (ihr Sohn Fritz war auch mit von der Partie). „Och, lassen Sie den Kindern doch den kleinen Spaß", sagte sie, „man sieht doch, wie begeistert sie bei der Sache sind." Und mit einem Blick auf das plärrende Julchen: „Sehen Sie doch nur, wie sehr die Lütte Tiere liebt!"

Ein kurzer, geflüsterter Wortwechsel zwischen Gustaf und Frieda klärte die Lage zugunsten Julchens. War ja klar! Bei so viel Tierliebe. „Komm", sagte Frieda, „laß uns gehen." So was von grausam, diese Kinder – die reinsten Mörder! Woher die Tochter das bloß hatte? Von *ihr* bestimmt nicht! Und sie sah Gustaf vorwurfsvoll an . . .

Eine Stunde lang hörten sie die Schlacht noch toben. Dann erschien – quatschnaß – Fritz Pösel im Hafen und hielt triumphierend den toten Fisch in den hocherhobenen Fäusten. Er hatte ihm mit Julchens Bootshaken den Todesstoß versetzt – er war seine rechtmäßige Beute. Speedy wollte ihm die Trophäe entwinden, er war immerhin der Stärkere. Aber Fritz war schneller. Flutsch, verschwand er mit dem aus zahlreichen Wunden blutenden Fisch im Pöselschen Cockpit. Auch Julchen war aufgetaucht. Mit Schrammen am Knie, ohne Bootshaken und in Tränen aufgelöst. „Es ist mein Fisch", plärrte sie lauthals, „es war *unser* Bootshaken! Und ich habe ihn auch zuerst in der Hand gehabt. Huhuuh, mein schöner Fisch!"

Vater Pösels Machtwort beendete bru-

tal den Streit. „Schaff das Biest von Bord!" schnauzte er den Filius an. „Du versaust uns damit den ganzen Kahn!" Und Mutter Pösel jammerte: „O süh ma, wat de Fisch blooten deiht! Und kaputt is he ok! Igitt, ick kann keen Bloot sehn!" So erbte Julchen, die am nächsten stand, den zerschundenen Fisch.

Sie trug ihn, wie ein Baby in die Arme gebettet, zur SINDBAD. Der schöne Fisch! Was hatte er ihnen für Spaß bereitet. Aber nun war er tot. Er faßte sich kalt und glitschig an. Und die vielen Wunden sahen richtig eklig aus. Seine Augen waren ganz stumpf geworden – nein, sie mochte ihn jetzt gar nicht mehr leiden. *Catch and kill* hatten ihr genügt. Ob die Mutter ihn kochen würde?

„Ein gemordetes Tier?" sagte Frieda, zog die Augenbrauen hoch und befahl ihr, den Fisch irgendwo zu vergraben. Aber Julchen hatte ihn schon neben der SINDBAD in den Sand gelegt. Sie bekam plötzlich Angst vor ihm. „Vati", rief sie zaghaft, „ob du mir hilfst?!"

Natürlich half er. Er packte den dikken, alten Seehasen – von den Kindern wegen seines Saugnapfes am Kopf „Steinbeißer" genannt – beim Schwanz. Mein Gott, das war ja ein richtiger Veteran, gute fünf Pfund schwer und mit Grind bewachsen. Was mochte er schon alles erlebt haben, festgesogen an dem großen Stein neben der Hafeneinfahrt. Vielleicht hätte er noch viele Jahre dort in Frieden leben können. Aber sein Pech war, daß deutsche Kinder ihn eines sonnigen Flautentages auf dem Grund des

Langeland-Belts entdeckten. Vielleicht hatte er zu fliehen versucht. Aber die deutschen Kinder waren schneller als so ein alter dänischer Seehase. Und klüger. Und was sie haben wollten, die lieben deutschen Kinderchen, das bekamen sie auch.

Ja, und das war sein Ende. Im Dünengras buddelte Gustaf den Veteranen ein.

Und Julchen war den ganzen Abend ziemlich traurig. Und sie schämte sich wohl auch. Nicht viel, aber doch ein wenig.

Merke: *Viva la muerte — abajo la inteligencia!* („Es lebe der Tod — nieder mit der Intelligenz!" — Kampfruf der spanischen Fremdenlegion)

 # In den Wolken segeln

Schon Gustafs Opa hat immer gesagt, ein Küstenmensch solle die Berge tunlichst meiden. Mann, wirscha mall in'n Kopp: Morjns aufwachen, und denn nix wie Klamotten vör de Nees. Muscha ein direk krankmachen.

Seit Frieda aber in Gustafs Stammbaum diesen Vetter Max am Chiemsee entdeckt hat, gibt sie keine Ruhe: Jedes zweite Jahr will sie partout nach Bayern. Der familiären Kontakte wegen. Wer hat schon einen Vetter am Chiemsee! So nahm Gustaf — wenn auch mürrisch — davon Kenntnis, daß die Elbe nicht unbedingt Deutschlands südliche Grenze bildet. Und er zottelte brav mit seinem Kahnweib jeden Herbst eine Woche nach „da unten".

Da man den Chiemgau auf mancherlei Wegen erreichen kann, lernten die beiden so nach und nach im Vorbeifahren die ganze Seenpalette der Voralpen kennen. Der Skipper war platt: Dunnerkiel, wat war der Bodensee groß! Länger als die Strecke Bülk–Spodsbjerg. Und breiter als die Flensburger Förde bei Sonderburg. Hätt' er nie gedacht, kannscha nich ma über wegkieken! So an die zwanzig Seen hat er nach und nach zwischen Lindau und Linz gezählt. Und darauf jede Menge Yachten, viele sogar seegehend. Dabei hat er immer geglaubt, diese Bergvölker schipperten nur mit Jollen ums Dreieck. Wie man sich doch irren kann!

Wenn Gustaf sich etwas ranhält, kann er mit LOTTE, seinem alten VW-Käfer, pro Tag bequem fünf bis sechs Seen schaffen. Sehen zwar alle gleich aus, aber immerhin — Wasser ist Wasser. Hauptsache, es schwimmen Boote drauf! Doch Frieda paßt Gustafs Wassersucht überhaupt nicht. Wasser haben sie zu Hause genug. Sie will endlich Berge sehen. Und zwar nicht nur von *unten,* sondern von *oben.* Von Vetter Maxens Balkon aus kann sie den Großglockner sehen. Da will sie hin. Schluß mit Wasser!

Gustaf denkt an Opas Warnung vor den krankmachenden Klamotten (und auch an die 40 PS seiner asthmatischen LOTTE) und sagt „Quatsch". Aber Frieda hat bereits heimlich eine Autokarte der Alpen besorgt und Marschproviant vorbereitet. Gustaf braucht nur noch loszufahren — zum Beispiel auf der A 12 das Inntal entlang nach Innsbruck. Rechts das Karwendel, links die Kitzbühler Alpen. Soll doch so schön sein. Und ganz ohne Steigungen. Der Achensee liegt (als Belohnung für Gustaf) auch an der Strecke.

Gustaf hört „Achensee" und sagt „überredet". Weiteres ergibt sich von selbst. Aber ach, der Achensee zeigt sich bootlos und unnahbar, denn eine zwanzigprozentige Steigung verwehrt LOTTE den Weg nach Pertisau, wo die Boote liegen sollen (?). Also weiter nach Innsbruck, wo dat Volk sich drängeln tut wie auf dem Jungfernstieg nach Ladenschluß. Bloß raus hier, denkt Gustaf, und landet unversehens auf der E 17 nach Landeck. Klamotten rechts, Klamotten links — manche mit weißen Kappen —, aber nirgendwo ein Teich. Nach einer Stunde will er umdrehen. Scheißberge! Opa hat doch recht gehabt!

Doch Frieda mault ärgerlich: Wo sie nun doch schon mal hier sind! Gustaf soll wenigstens bis Nauders weiterfahren. Sie möchte so gern die Silvretta se-

hen. Aber der Skipper hat genug und fährt rechts ran. Kehrt marsch! Doch da kommt ein Trailergespann von achtern auf. Es hat eine 470er Jolle huckepack. Noch dazu Kieler Jungs — ausgerechnet hier am A. d. W., mittenmang der Dreitausender. Die Kieler stoppen vor der LOTTE. Ob sie helfen können? Nee, Gustaf kann keiner helfen. Aber was *sie* denn hier suchen? Wollen sie etwa auf die Passeierspitze schippern? — Nee, sie wollen in Morieß Regatta segeln.

Morieß . . . ? Bevor Gustaf sich blamieren kann, greift Frieda helfend ein. „Mensch, die meinen doch *Sankt Moritz!* Da wo Gunter Sachs, König Hussein und der Karajan ihre Häuser haben." Und die Kieler erzählen ihm vom Silvaplaner See in 1800 Meter Höhe mit eigenem Yachtclub und idealen Segelbedingungen, falls der begehrte Thermikwind Maloja weht. Also dat muß Gustaf sehen: Segeln mang de Klamottens, direkt neben dem 3300-Meter-Riesen Corwatsch.

Er hängt sich hinter das Kieler Gespann und überquert bald darauf die Schweizer Grenze. Viele Trailer überholen sie; Schweizer, Österreicher, Deutsche, Italiener: 7 Nationen sind mit 150 Booten auf dem 3,5 km langen See vertreten. Der Maloja bläst wie bestellt, Segel knattern. Die Berge ringsum sind in Wolken getaucht. Es ist saukalt, aber beeindruckend: *Segeln auf dem Dach der Welt!* Wo hat man das schon zu Hause?

Während Frieda sich im Yachtclub umblickt, ob Gunter Sachs irgendwo zu

59

sehen ist, hockt Gustaf hinter einem Grog und starrt fasziniert auf das alpine Regattafeld in den Wolken. Ihn plagt nur ein Gedanke: Wird Heini ihm das glauben – Segeln in den Wolken?

Der Große Preis

Zu Pfingsten segelt die SINDBAD meistens nach Fehmarn oder auf die Schlei. Wenn die Feiertage so günstig liegen, daß ein Kurzurlaub dabei herausspringt, geht es auch mal in die dänische Südsee. In den großen Ferien jedoch zieht es den Skipper in die Ferne. Es ist wie eine Sucht. Ja, Gustaf ist, wie viele seiner Kameraden, süchtig geworden − *fernsüchtig*. Früher blieb er im Juli schon mal ohne Skrupel zwei Wochen lang im Kleinen Belt auf dem idyllischen Eiland Bågø kleben, um dort, wie Tucholsky es nennt, „ein wenig die Seele baumeln zu lassen". Pennen, Fischen, Baden; zum Einkauf mit dem Dingi mal nach Assens schippern; Gammelurlaub ohne sportliche Ambitionen, aber unheimlich erholsam.

Doch das hat sich geändert. Es muß wohl so eine Art Phobie sein, eine Meilenfreßgier, die Gustaf sein Urlaubsziel jedes Jahr ein Stück weiter weg suchen läßt: Je öller, je döller. Und schneller! Vier Tage Gewaltmarsch durch den Götakanal; danach in den Schären nordwärts bis zum Gehtnichtmehr. Auf dem Limfjord die 90 Meilen bis Thyborøn und retour in fünf Tagen; dann huschhusch über Læsø nach Anholt und via Øresund mit hängender Zunge nach Hause. Immer weiter, immer schneller − keine Zeit mehr zum Ausruhen!

Die olle SINDBAD schüttelt ihren Masttopp und knarrt dazu ärgerlich mit den Spanten: Ist der Kerl ausgeflippt? Wurde er gar von der Hybris gepackt? Oder sind es nur die Wechseljahre, die ihm beim Schippern Flöhe unter den Hintern zaubern? Egal − Gustaf ist vom Fernweh gepackt. Und wie! Es läßt ihn sogar des Nachts segeln, was er früher mehr verabscheute als Äolus das Pfeifen an Deck. Und obgleich es seine Mädchen zu lautem Protestgeschrei motiviert, rast er bei rabenschwarzer Nacht mit Backstagwind in acht Stunden von Skagen nach Marstrand.

Wer oder was an seinem Meilenhunger Schuld trägt? Frieda meint, es sei das Alter. Mit der Vermutung, der Skipper lese in seinen Segelzeitungen zu viele Fahrtenberichte, kommt Julchen der Sache schon näher. Heini aber weiß es genau: Gustaf ist *preisgeil!* Jahrzehnte zur See fahren ohne eine einzige Medaille, ohne ein Blechschild im Cockpit, ohne einen Pokal auf dem heimischen Vertiko − das frustriert einen ganz schön. Das ist einfach zuviel für einen so sensiblen Käptn wie Gustaf. Alle − *fast* alle − haben inzwischen schon so'n Blechorden. Bloß Gustaf nicht.

Was kann er dagegen tun? Mit der SINDBAD die britischen Inseln nonstop in Rekordzeit umsegeln? Zu wenig! Grönland-Rund oder ein Antarktis-Trip fallen wegen Friedas Rheuma aus. Und für den heißbegehrten Schlimbach-Preis ist die SINDBAD leider nicht teuer genug ausgerüstet. Bleiben vielleicht noch die Rohrink Fortieß (was immer das sein mochte), aber da sind schon zu viele gewesen. Überhaupt war überall immer irgendwer schon vor ihm da. Mann, wat'n Schiet! Dabei bemühen sich Vereine und Verbände unentwegt, durch Schaffung neuer Plaketten ihn und seinesgleichen bei guter Laune zu halten. Aber ach, es gibt trotz allem immer noch mehr Segler als Preise.

So kommt es also, daß Gustaf alles Gehetze übers Skagerrak und die immer wieder (vergeblich!) eingereichten Logbücher nichts nützen. Wenn er jünger wäre, könnte er ja mal versuchen, mit einem dieser segelnden Bügelbretter nach Island zu sörfen. Wenn nicht zur Bluh-Water-Medalje, so langte das vielleicht doch zum Transozean-Orden. Und wenn nicht, so gab es ja auch noch die zahllosen Institutionen und Verbände mit ihren alljährlich weitgestreuten Preisen für Superleistungen auf See, an der Küste, auf Kanälen und Fischteichen; fein abgestuft für Junioren, Senioren und was dazwischen liegt; für gute Navigation oder wenn man trotzdem hinkommt; für positive Haltung an Bord, die selbst mieser Fraß und Seekrankheit nicht zerstören konnten. Es gibt nichts, was keine Plakette verdient hätte. In Gold, Silber oder einfachem Blech.

Nur eben – Gustafs Schuhnummer ist nie gefragt. Entweder ist die SINDBAD zu groß oder Gustaf zu alt. Oder das Logbuch zu ausführlich und die Navigation zu primitiv. Oder umgekehrt. Er müßte wohl, wenn er eine echte Chance haben wollte, ein Boot möglichst unter sechs Metern segeln, unterwegs mindestens einen Wal gerammt, im Taifun mehrere Eskimorollen gedreht haben und zudem mit einem Mitglied des Verleihungs-Kommitees befreundet, verschwägert oder vervettert sein.

Das alles trifft auf ihn aber nicht zu. Was bleibt ihm also? Och, 'ne Menge! Zum Beispiel die Hoffnung, die ewig grüne. Deshalb rast er weiter unter Segel und/oder Motor zwischen Skagen, Gedser und Kiel hin und her. Mal *muß* es doch mit einer Plakette klappen, Gottverdori! Wo doch bekanntlich jedes Ding seinen Preis hat. Auch wenn er nur aus Blech ist. „Bloß nie aufgeben!" sagt er zu Julchen. „Ohne Fleiß kein Preis!" – „Wie wahr", seufzt das Töchting, „was für ein Glück, daß Faulheit *nichts* kostet."

Kleos Lampe

Ein Jahr lang hatte Hauke Blohm seinen 9-m-Seekreuzer im westlichen Mittelmeer stationiert. Aber das Gedränge dort zur Sommerzeit vertrieb ihn in die Adria. Doch *eine* Saison an Venetiens Gestaden genügte ihm; dann hatten ihn die Schnüffler der *Guardia Finanza* auf die andere Seite des Meeres, nach Dalmatien, vertrieben. Dort war es so lange friedlich und nett, bis die Jugos ihre verdammte Nase in jede Bilge (und somit auch in Haukes) steckten und in einem Anfall von Anti-Charter-Hysterie jedwede Reise mit Crew-Wechsel zu einem Hazard-Spiel machten.

Also auf zur Ägäis ins schöne Land der Hellenen. Aber hier kam er, wie Rolf Biermann so treffend singt, „vom Regen in die Jauche". Solche Papierfluten kannte er sonst nur von heimischen Bürokraten. Und ans Verchartern einer deutschen Yacht war am Peloponnes erst recht nicht zu denken.

So kam es, daß Hauke (nach Zahlung eines erklecklichen Einfuhrzolls) seine RUMDRIEWER im türkischen Bodrum — dem einstigen Halikarnassos — einwinterte. Bodrum ist ein alter Hafen aus dem 11. Jahrhundert vor Christo — gelegen am vielnamigen Golf von Kos, der von den Einheimischen auch Keramik-Golf genannt wird. Und just dorthin lädt er Gustaf für einen Zweiwochen-Trip im Juni ein. Flug und Koje frei.

Gustaf überlegt kurz: Türkei? Das heißt „Tschüs Schweineschnitzel und Leberwurst!", statt dessen Calamari und Schafskäse. Aber die Gegend könnte ihn schon reizen. Also sagt er zu und steht bald darauf mit Hauke im Bootshafen von Bodrum vor der blankgeputzten RUMDRIEWER.

Das Volk im Hafen ist freundlich; Liegeplätze sind ausreichend vorhanden; das dicke Kastell versperrt trutzig die Aussicht auf den Golf; und König Mausolos liegt da auch irgendwo in seinem Mausoleum begraben. Gustaf studiert fleißig Karte und Handbücher und lernt rasch, daß *Körfezi* Bucht heißt, *Burun* Kap und *Liman* Hafen. Türkisch ist gar nicht so schwer! Hauke hat in seinem Reiseführer etwas über die Sehir Inseln gelesen. Dort soll Marc Anton seiner Freundin Kleopatra Anno 38 v. Chr. eine Ferien-Datscha gebaut haben, deren Trümmer man heute noch besichtigen kann.

Okay, Proviant wird frei Schiff geliefert; Wasser und Diesel gibt's am Hafen. Der Behördenkram macht wenig Umstände; ein paar Stempel, einige Fragen auf deutsch und englisch, und schon kann die Reise losgehen. — Sie schippern fünf Stunden bei Sonne und nördlichen Winden an der Küste entlang nach Osten. Dann tauchen an Backbord die fast 1000 Meter hohen Cikin-Berge aus dem Dunst auf. Und um 16.00 Uhr fällt der Grabbel in der durch die Hügelkette von Karaburun geschützten Akbük Bucht.

Am nächsten Morgen laufen sie raumschots die paar Meilen quer über den Golf und peilen auf 100 Grad die Sehir Inselgruppe genau voraus. Auf der größten der drei Inseln soll Kleopatras Wochenendhaus liegen. — Sie gehen dicht unter ihrer Ostküste auf drei Meter Wasser vor Anker, pumpen schwitzend das Gummischwein auf und setzen damit zur Insel über. Mann in de Tünn! Von Kleos Trümmergrundstück ist kaum noch etwas zu sehen. Die wenigen Mauerreste sind von Feigen- und Olivenbäumen überwuchert. Wer weiß, ob die Story überhaupt stimmt. Im übrigen ist es fast 40 Grad warm, und ihre Schweißtropfen fallen rascher als die Goldkurse nach Weihnachten. Gustaf sagt: „Quatsch!" Er sagt es sehr laut.

Als sie nach zwei Stunden zum Boot zurückrudern, treibt ein mit zwei obskuren Typen besetztes Ruder-Kaiki vorbei. „Räuber, Diebe, Mörder?" schießt es Gustaf durch den Kopf. Und er hätte jetzt gern einen Schießprügel zur Hand. Für alle Fälle. Aber die braunhäutigen Dunkelmänner erweisen sich als Händler. Einer spricht sogar gebrochen Deutsch. Er zeigt auf das Wort Kiel am Heck und sagt: „Prima Stadt ... Howaldtwerke ... ich dort gearbeitet." Dann kommt er längsseit. „Du Haus von Kleopatra gesehen?" fragt er Gustaf, was dieser bejaht. „Alte Scherben gefun-

den?" — „Nee!" sagt Gustaf, der weiß, daß gefundene Sachen an den Staat abzuliefern sind. — „Du Lampe kaufen! Antik! Original von Kleopatra! Zwanzigtausend Jahre alt!" — „Zwotausend", knurrt Hauke, um zu zeigen, daß er sich in mediterraner Geschichte auskennt. — „Zeig mal her", sagt Gustaf.

Eine braune Hand greift in die Brusttasche und fördert eine tönerne Öllampe ans Tageslicht. Sie besitzt einen echt aussehenden Sprung, hat grüne Patina angesetzt und könnte durchaus von Kleopatra stammen. „Wieviel?" will Gustaf wissen. — „Ganz billig, 500 Dollar", sagt der Braune und fügt hinzu, „aber nix verraten! Polizia nix wie in Alemania, gleich machen ‚klick'!" Dabei kreuzt er unmißverständlich die Handgelenke. „500 Dollar? Büst du mall?" sagt Gustaf, worauf der Braune kontert: „Wieviel du willst zahlen?" — Gustaf überlegt: Wenn die Lampe wirklich von Kleopatra ist, sind 500 Dollar kein Geld. Aber das Risiko, daß sie ihn an der Grenze schnappen, ist groß. Nee, er hat Angst. Lieber nicht. —

Um den Kerl loszuwerden, sagt er „100 Mark", worauf der Braune 300 fordert. „200", sagt Gustaf, oder er soll verschwinden. — „Nimm se doch für Frieda mit", mischt sich Hauke ein. Wenn Gustaf sie nicht will, kauft er das Ding für seine Ottilie. Der Braune hört „Ottilie" und schaltet sofort: Er hat noch eine zweite Lampe, beide zusammen 500 Mark — eine einmalige, nie wiederkehrende Okkasion! — Also gut, sa-

gen die Freunde: Fünf blaue Lappen und Kleos Wunderlampen wechseln die Besitzer.

Die Galgenvögel suchen das Weite. Hauke schraubt die Wandverkleidung ab, um die Schätze dahinter zu verstekken. Am Ende der Reise schmuggeln sie ihre Kostbarkeiten mit zitternden Knien durch türkische und deutsche Zollsperren. Dann prangen die guten Stücke bei Frieda und Ottilie auf dem Vertiko. Den Kränzchenschwestern werden sie flüsternd präsentiert: echt antik; vor 2000 Jahren von Kleopatra persönlich benutzt; unter Lebensgefahr aus der Türkei geschmuggelt – psst!

Im Winter sind die Freunde zu Bier und Skat bei Hartmut eingeladen. Der hat kein eigenes Boot, weil er lieber chartert. Er kennt alle Charterreviere von Brest bis Malta. In der Türkei war er auch schon, sogar mit einem Charter-Kaiki im Keramik-Golf. Gustaf fragt ihn, ob er auch die Sehir Insel kennt. Klar kennt er die. In der Gegend sind doch die Keramikbrenner zu Hause, nach denen der Golf seinen Namen hat. Da – die Lampen auf dem Bord hat er von dort mitgebracht.

Schiet an Boom – es sind die gleichen, wie Gustaf und Hauke sie erworben haben: grün patiniert, mit Sprung und Kleopatras echten Fingerabdrücken. Ja, meint Hartmut, die Dinger seien dort billig zu haben, für 10 bis 20 Mark, je nachdem wie gut man handeln kann.

„Sehen aber sehr antik aus", wirft Gustaf schüchtern ein. – „Nicht wahr?" sagt Hartmut, „die Burschen kriegen das prima hin. Rund ein Jahr bleiben die Lampen in Netzen auf dem Grund der Bucht liegen, bis sie die richtige Patinafarbe angesetzt haben. Immer so 200 Stück auf einmal. Aber nie mehr, um die Preise nicht kaputtzumachen."

„Na, und den echten Sprung?" will Gustaf wissen. – „Och, den klopfen sie nach dem Brennen mit einem Holzstück rein."

Gustaf hat Frieda nichts von dem Gespräch erzählt. Wozu auch. Aber in die Türkei ist er seitdem nicht mehr gereist.

Merke: Was man nicht im Kopf hat, muß man in den Scheinen haben. (Sprichwort)

Wasser marsch!

Die SINDBAD kam aus dem Kleinen Belt. Sie hatte an Fünens Nordküste die Nacht im neuen, aber etwas sterilen Yachthafen von Bogense festgemacht und war nun auf dem Weg nach Korshavn, dem kleinen Naturhafen am Nordzipfel Fünens.

Doch hinter der Landspitze von Agernæs kriegte der Skipper übers Radio eine Windwarnung mit. Dazu grummelten über Fünen einige Gewitter. Also drehte Gustaf nach Süden in den geschützten Odense Fjord ab und machte zwei Stunden später in Stige fest – jenem winzigen Yachthafen am Odense-Kanal, wo man meint, die Weltuhr habe hier 50 Jahre lang vergessen zu schlagen.

Da der Hafen voll belegt war, ging Gustaf hundert Meter weiter südlich an die Brücke neben dem Slip, wo schon Clubkamerad Otje seine Motoryacht KORMORAN angebunden hatte. Wenig später pfiff ihnen eine mißgelaunte Gewitterbö um die Ohren, in deren Gefolge Regen, Kälte und Schietwetter aus Südwesten aufmarschierten.

Gustafs Frauen wollten weiter nach Odense, weil da mehr los war. Gustaf hingegen war mehr für die Ruhe in Stige. Und da auf der SINDBAD „*Capt'ns word is law*" gilt, blieb man, wo man war.

Gottlob hatte die KORMORAN einen Fernseher. So fanden die Gören etwas Abwechslung, hockten an der Glotze und erfreuten sich an der Tagesschau, einem heißen Krimi, dem Wort zum Sonntag und allerlei sonstiger Kurzweil. Dazu dudelte der Stereo-Plattenspieler „Da, da, da ..." und andere neudeutsche Blödelmusik. Literweiser Genuß von Coke und Limo ließ das elektrische Bordklo der KORMORAN fleißig gurgeln. Alle Lampen an und unter Deck brannten, und der Kühlschrank hatte alle Mühe, genügend Eiswürfel zu liefern.

Am nächsten Morgen stellte der KORMORAN-Skipper fest, daß seine Batterien leer waren. Nicht ganz – es reichte gerade noch zum Starten des Motors, den er alsbald in Betrieb nahm, um die erschlafften Saftspender mit neuem Geist zu erfüllen.

Zugegeben – so ein brummender Motor am Sonntagmorgen auf dem Nachbarschiff ist keine Kirchenmusik. Aber schließlich ertrug Frieda den Krach mit Haltung, denn Julchen war ja am Stromtod der Akkus nicht ganz unbeteiligt. Außerdem regnete es immer noch. Also wohin auskneifen?

Nachdem der Motor nebenan eine Stunde lang gebrummt hatte, fand Frieda, nun sei es genug. Aber leider begann das Amperemeter gerade erst zaghaft zu zucken; also hieß es das Gebrumm weitere ein bis zwei Stunden zu ertragen.

Das war eben der Tribut an den technischen Fortschritt!

Frieda stopfte sich die Lauscher mit Ohropax dicht und maulte, während die beiden Skipper mit den Gören zum Angeln an die Pier gingen.

Plötzlich zerriß ein markerschütternder Schrei das sonntägliche Morgenkonzert. Trina war es, die Kapitäneuse der KORMORAN. Und was sie schrie, schien sie ernst zu meinen, nämlich: „Hilfe, Hilfeeh – hier schwimmt alles! Wir versaufen!"

Die Männer waren sofort zur Stelle. Tatsächlich stand das Wasser schon über den Bodenbrettern. Also mußte die KORMORAN über Nacht leckgesprungen sein. Aber wo? Alles wurde untersucht – sämtliche Durchbrüche des Schiffsbodens (Klo, Echolot, Lenzrohre, Spüle-Abfluß) – nichts – alles dicht. Doch das Bilgewasser stieg weiter; Zentimeter um Zentimeter. Es war wie Zauberei.

Julchen betrachtete vom Steg aus die Seenotübung der KORMORAN. „Bei euch läuft ja überhaupt kein Kühlwasser", sagte sie schüchtern, denn was verstand sie schon von solchen Dingen. Gustaf rief auch gleich „Quatsch!" Aber die Männer blickten dennoch außenbords. Tatsächlich – nix lief! Aber wieso zeigte das Kühlwasserthermometer konstant 60 Grad?

Ein Blick durch das geöffnete Motorluk im Cockpitfußboden löste das Rätsel: Der Schlauch war ab. Der dicke Schlauch, der das Kühlwasser durch die Bordwand nach draußen ableitete, hatte

sich vom Austrittsflansch gelöst – vielleicht weil die Schelle nicht genügend angezogen war oder sich durch die Vibration im Leerlauf gelöst hatte. Jedenfalls spuckte die Pumpe Hektoliter heißen Kühlwassers *in die Bilge*. Solange, bis in der Messe die Bodenbretter schwammen. Und Tina schrie.

Die kräftige Lenzpumpe der KORMORAN brauchte gut eine Stunde, bis sie das Wasser dorthin befördert hatte, wo es hingehörte – außenbords. Der Schlauch wurde mit Gustafs Hilfe (und einer neuen Schelle) sicher am Flansch befestigt. Und keine Menschenseele außer den direkt Beteiligten hätte je Kenntnis von diesem unrühmlichen Abenteuer im Odense Fjord erhalten, wenn nicht …

Ja, wenn Julchen, diese Plaudertasche, es zu Hause nicht ihrer besten Freundin Evi verraten hätte. Und damit war es auch schon 'rum im Hafen: das Ding mit dem Schlauch im Hafen von Stige. Das Gelächter war so groß, daß Otje sich einen Monat lang nicht am Schiffertisch sehenlassen konnte. Und selbst heute noch fragen die Freunde ihn: „Na, Otje, kiek eens, ob dien Schlauch noch dran is!"

67

So'ne und solche

Gustaf hat ihn schon auf dem Sneeker Meer getroffen – den blauen, stählernen Knickspantkreuzer mit der Hollandflagge am Heck und dem Danebrog in der Saling. Ein Däne in Friesland? Was der hier wohl wollte? Sein Schiff sah ungepflegt aus; die nicht zum Boot passende Fock wild schlagend, weil ihr Vorliek länger war als das Stag; das völlig vertrimmte Großsegel mit mehreren laienhaft verklebten Rissen und diversen fehlenden Mastrutschern mehr bremsend als ziehend.

Ein paar Tage später schippert Gustaf mit seinem gecharterten Motorboot nach Staveren. Da stellt Frieda mitten auf dem Heeger Meer fest, daß die Trinkwasserpumpe nicht arbeitet. Ob das Wasser alle ist – ? „Quatsch!" sagt Gustaf, denn er hat gerade erst in Joure getankt. Aber was sonst! – Um den Fall in Ruhe untersuchen zu können, biegt er an der Leyepolle-Tonne nach rechts ab, wo eine schmale Rinne durch einige verträumte Seen nach Oudega-West führt. Dort ist eine Werft und ein Telefon, und dort könnte man den Schaden beheben.

Wo auf der unbetonnten Vlakke Brekken das Fahrwasser zu einer schmalen Wespentaille eingeschnürt ist, treffen sie den Dänen wieder. Er liegt an Steuerbord auf ein Meter Wassertiefe hoch und trocken und winkt Gustaf zu. § 1 der Charterbedingungen lautet: „Abschleppen strikt verboten!" Aber weil es ein Däne ist, spült Gustaf den Paragraphen mit einem Schluck Genever runter und geht vorsichtig auf Wurfleinenentfernung an den Havaristen heran. Der wollte mit seinem Charterwrack ebenfalls nach Oudega. Und zwar unter Motor, weil ihm die zerschlissenen Plünnen im böigen Südwest endgültig aus den Lieken geflogen waren. Doch der Motor lief nur auf zwei Töpfen. Und die Touristenkarte an Bord zeigte an dieser Stelle tiefes, blaues Wasser ... ! Da ist es eben passiert. Pech für ihn!

Zehn Minuten später hängt er an Gustafs Schlepptrosse. Bis Oudega sind es nur fünf Kilometer; Gustaf macht dort an der Werft fest. Neben ihm hat der Däne angebunden, aber Gustaf ist zu sehr mit seiner Pumpe beschäftigt, um sich um ihn kümmern zu können. Er füllt Trinkwasser auf. – Nach zehn Litern sprudelt es aus dem Überlauf, also war der Tank voll. Doch aus dem Hahn fließt kein Tropfen.

Blöde Technik! Er ruft die Charterfirma im 30 Kilometer entfernten Leeuwarden an – nach einer Stunde ist ein motorisierter Mechaniker zur Stelle. Eine Dichtungsschraube wird ausgewechselt, ein Gewußt-wo-Schräubchen festgedreht. Alles okay: Wasser marsch!

„Sonst noch was?" fragt der Mechaniker. „Na, denn: *Goede vaart!*" Und er verschwindet schnell. Julchen sagt: „Fix wie Dr. Kimble auf der Flucht." — Gustaf strahlt: Diese Holländer! Und es hat nicht einmal was gekostet! Der Däne hat der Prozedur mit offenem Mund zugeschaut. Sein Gesicht hat dabei die Farbe einer Feuerwanze angenommen, und er wirkt sehr erregt. „*Det er en lort båd*", sagt er und weist auf sein Schiff. Lord Bad — wat war dat nu wieder? Julchen weiß es. „Scheißkahn", dolmetscht sie. Und dann erzählt der Däne: Auf ein Inserat in DAGENS NYHEDER ist er hereingefallen. Den holländisch abgefaßten Chartervertrag hat er überhaupt nicht lesen können. Zwei Drittel der Chartersumme mußte er im voraus blechen. Und dann die Pleite, als er den Kahn in Sneek sah! Alles kaputt: Motor, Segel, Kocher, *skidthus*, Kompaß! Ein Anker war da, aber nur mit fünf Meter Kette. Alle Tampen und Fender verrottet, die Polster naß, das stehende Gut rostig. Und zu allem noch ein Schlag in der Schraubenwelle! Drei Tage hat er in Grouw auf den Vermieter gewartet, weil der Motor nicht ansprang. Aber der hatte keine Zeit. Und als er endlich kam, hatte er kein passendes Werkzeug dabei. Schließlich half ihm ein holländischer Segler mit Kontaktspray. Und nun war er hier. Dank Gustafs Hilfe. Ihn hatte der Himmel geschickt! — Gustaf nickt; in der Tat — der dänische Wiking schien bei den Wassergeusen an den Falschen geraten

zu sein.

„Mensch, Skipper", ruft der Däne, „ich arm Swien szind in Angst! Wie komm ich blosz szurück nach Danmark? Was szein mein Fehl gewesen?" Und er fragt grimmig, ob alle Holländer *bisse* (Strolche) seien.

Quatsch, meint Gustaf, das sähe man ja am besten an *seinem* Vermieter. Prima Service, diese Leute. Sauber und ehrlich! Ärger könne man auch in Dänemark erleben. Freunde von ihm seien dort ganz schön geleimt worden: Boot weg, da doppelt vermietet; Ersatzgestellung dauerte drei Tage. Geboten wurde dann ein mieser Schlitten, mit dem sie vor Kolding „Große Havarie" bauten. Nee, es gäbe überall so'ne und solche, in Holland wie in Dänemark.

Aber woran man die „Richtigen" denn erkennen könne, fragt der Däne naiv. Jedenfalls nicht am Inserat, rät Gustaf weltmännisch erfahren. Eher schon durch Mundpropaganda — jeder kennt doch schließlich einen, der schon mal da war. Oder durch eine Anfrage bei den Wassersportverbänden, Verkehrsämtern oder Berufsorganisationen. Heutzutage ist so etwas doch kein Problem. Aber kräftig checken muß man das Schiff natürlich, bevor man es übernimmt. Chekken und nochmals checken, bis alles stimmt. Hinterher ist man bekanntlich immer der Dumme. Oder ... ?

Und er kommt sich plötzlich furchtbar weise vor. Kann er doch dem Angehörigen eines alten Wikingervolkes so ganz sutje aus dem Füllhorn seines mariti-

men Wissens ein paar Körner in den offenen Mund schütten. Zugegeben – so
etwas putzt ungemein.

So'ne und solche. Wie gut, daß er sie

unterscheiden kann! Und dieser Gedanke läßt seine Züge leuchten, als habe er
soeben den tiefen Teller erfunden.

Heilige Kühe

Julchen kommt erregt von der Schule nach Hause. In Gemeinschaftskunde hat es Zoff gegeben. Ausgerechnet mit dem Direx, der die erkrankte Lehrerin vertrat. „Mann, Vati", schnauft Julchen, „ist das vielleicht ein Unsympath! Und uralt! Bestimmt schon über Fünfzig! Hat der uns doch gefragt, was Mut ist und was Tapferkeit. Ich denk, ich hab' 'nen Sprung in der Schüssel! Aber dann hab ich dufte losgefetzt. ‚Mut, Herr Direktor', hab ich ihm gesagt, ‚ist, wenn man seine Hand in siedendes Wasser hält. Und *Tapferkeit*, wenn man dabei nicht brüllt. Logo?' – Da sah der Eumel ganz schön alt aus und hüstelte verlegen: Er habe dabei eigentlich an etwas anderes gedacht, etwa an stilles Heldentum oder so. Und dann las er uns den Survival-scheiß von Fontane vor: John Maynard. Du weißt ja ... noch zehn Minuten bis Buffalo."

Gustaf denkt angestrengt nach. Sör-weiwelscheiß? Wat dat nu wieder sein soll. John Maynard – das war doch der tapfere Steuermann, der das brennende Fährschiff „Schwalbe" auf den Strand des Eriesees donnerte. Passagiere gerettet, Steuermann tot. Das hatte schon sein Opa auf der Schule gelernt. Was die dumme Ische bloß dagegen einzuwenden hat? Immerhin war Fontane doch ein an-erkannter Dichter. Er fragt sie.

„Mönsch, Vati", sagt Julchen, „man merkt, daß du nicht im Krieg warst. So was ist doch kein Heldentum! Das ist *Survival!* Der muß das, dafür wird er bezahlt; das ist sein Berufsrisiko."

Gustaf, der meint, der Steuermann habe doch immerhin dabei sein Leben verloren, fragt leicht irritiert: „Also Sörwei ... oder so ähnlich nennt man das jetzt, wenn sich jemand opfert, damit andere gerettet werden. Warum ist er denn kein *Held*?"

„Na, weil er für das Risiko bezahlt wird. Wie Feuerwehr, Bullen, Rettungs-people und die Typen beim Bund. Dafür kriegen die ja auch jede Menge Orden. Zum Ausgleich."

Also so einfach ist das, denkt Gustaf. Und er fragt Julchen, wer denn ihrer Meinung nach ein Held sei, oder ob alles nur Sörwei ... ist. „Nö", sagt die Deern, „wenn's freiwillig geschieht, nicht. Zum Beispiel der Mann, dem sein Dackel in die Förde fiel und der nachsprang, um ihn herauszufischen, obgleich er selbst nicht schwimmen konnte. Dackel gerettet, Mann ertrunken."

Das findet Gustaf nun wieder wenig heldenhaft. Ein Nichtschwimmer, der in die Förde springt? Das ist eine Herausforderung des Schicksals, sonst nichts. Auch Gustaf hält nicht viel von Helden.

Aber einige gibt es doch. Besonders auf See. Admiral Nelson war so einer: Abukir, Kopenhagen, Trafalgar. Und immer gesiegt!

Julchens Augen sprühen Funken. „Ausgerechnet der! Ein *Held?* – Ha, ha! Mußte mal lesen, wie brutal es auf seinen Schiffen zuging. Wer nicht gehorchte, wurde kielgeholt oder ausgepeitscht. Tausende mußten für seine Siege ihr Leben lassen. Und dann die Bettaffäre mit dieser Emma Hamilton. Pfui!"

Na schön, denkt Gustaf. Bei der einheimischen Admiralität kennt er sich

nicht so genau aus. Aber *einen* deutschen Seehelden kennt doch jedes Kind. Einen Mann ohne Furcht und Tadel. Vorbild für die Jugend aller Zeiten: Graf Luckner.

Doch Gustaf hat noch gar nicht Luck ... gesagt, da springt Julchen ihm mit gespreizten Krallen ins Gesicht. „Also Vati, wie ich das finde! Das war ein Pirat, ein Strandräuber! Haste denn nie gelesen, was der gemacht hat? Der hat im 1. Weltkrieg mit seiner zum Hilfskreuzer umgebauten Bark die tollsten Schweinereien gemacht. Hat er nicht an Deck seines Seglers zum Schein Rauchwolken entfacht, um feindliche Schiffe in den Hinterhalt zu locken? Und dazu völkerrechtswidrig die norwegische Flagge gesetzt? Und den britischen Handelsdampfer, der ihm zur Hilfe eilte, obendrein zum Dank versenkt? Schöner Held, dein Luckner!"

Gustaf ist ob solcher Denkmalsschändung sehr traurig. Kein Idealismus mehr bei der Jugend! Er bietet Julchen (schon etwas lustlos) noch Taberly und Chichester als Ersatzhelden an. Aber die lehnt sie „als auf dem Ego-Trip befindliche, geltungssüchtige Segel-Neurotiker" ab.

Nee, Gustaf gibt es auf. Helden scheint es für den Nachwuchs nicht mehr zu geben. Nicht mal Naomi, das weltumsegelnde Superweib.

„Doch", sagt Julchen, „der Mann mit dem Dackel. Aber alles andere ist kalte Asche."

Merke: Auch heilige Kühe bestehen nur aus Rindfleisch. (Sprichwort)

SIQ

Querab von Avernakø traf Gustaf ihn zum erstenmal – den roten Eintonner, als er wie ein Dragster in Lee an ihm vorbeidüste. Unter seiner Steuerbordsaling wehten drei Flaggen, die Julchen mühsam anhand der Signalflaggentafel als „S-I-Q" identifizierte. Sierra-India-Quebeck? Was mochte es bedeuten?

In Troense liegt Gustaf abends neben Willems dicker HOLSATIA. Die hat in ihrer reichhaltigen Sammlung teurer (aber kaum gelesener) Nautikfolianten natürlich auch ein Internationales Signalbuch. Dort entdeckt Julchen rasch, was SIQ bedeutet: nämlich *nichts*; einen solchen Code gibt es nicht.

Als Gustaf am nächsten Tag in Kerteminde einläuft, hat er das dämliche Flaggensignal schon vergessen. Mein Gott, man kann sich ja nicht alles merken! Doch da ruft Julchen: „Sieh mal, Vati, wer da liegt!" und deutet auf den roten Dragster vom Svendborg Sund. Das Dreiflaggensignal weht immer noch.

Gustaf springt auf – nix wie hin. Die rote Crew grinst; ha, ha – selten so gelacht! Was kann es schon bedeuten, das Signal „SIQ"? *Segeln ist Quatsch* natürlich, ha, ha – ein Gag, sonst nichts. Wie kann man nur auf so etwas hereinfallen!

Gustaf verkneift sich eine giftige Bemerkung. Diese Regattaheinis! SIQ hätte ja auch ein Notsignal sein können.

Oder –? Aber wenn es auch ein Frevel ist, mit so etwas Scherz zu treiben – der Gedanke, daß Segeln *Quatsch* sein soll, läßt ihn nicht los. Hatte er nicht selbst schon öfter so etwas gedacht? Heimlich natürlich, denn was hätten seine Mädchen sonst von ihm halten sollen . . .

Natürlich ist es kein Quatsch, was sie auf der SINDBAD machen. Aber sonst? Da gibt es auf dem Wasser eine Menge bedenklicher Fehlentwicklungen. Zum Beispiel diese Selbststeuer-Apparate: Kein Mensch mag mehr am Ruder hocken. Leider aber auch bei der Frachtschifffahrt. So schippert alles blind durch die Gegend – es wird schon gutgehen. Die Segler sagen natürlich, daß sie fleißig Ausguck halten. Doch manche schlafen dabei so fest, daß sie – wenn plötzlich der Wind dreht – sogar einen ganzen Kontinent (Australien) über den Haufen karren. (So geschehen beim letzten Einhand-um-die-Welt-Race durch den Briten Hampton auf Chichesters alter GIPSY-MOTH IV. Und was, wenn auf einem automatisch gesteuerten Kümo der Ausguck gerade Kaffee aufbrüht? Dann kann Gustaf nur noch die Muffe zukneifen und beten, denn sein Ausweichmanöver käme ohnehin zu spät.

Und dann dieser Rekord-Wahnsinn! 1982 schaffte der Brite McLean mit einem 2,97 m langen Segel-Ei die 2800 sm

von Neufundland nach Cornwall in 50 Tagen. Aber wenig später übertrumpfte der Ami Dunlop den Rekord mit seiner nur 2,76 m langen Walnuß WIND'S WILL auf einer 1000 sm längeren Strecke. Grund genug für McLean, diese Schmach zu tilgen, indem er im Jahr darauf den Atlantik mit dem nur 2,36 m langen Fingerhut GILTSPUR bezwang. Doch beide kuckten dumm aus der Unterwäsche, als sie erfuhren, daß Hugo Vihlens (USA) den Teich schon 14 Jahre zuvor in 84 Tagen mit seinem nur 1,80 (!) m langen Wasserfloh APRIL FOOL überquert hatte. Quatsch, oder −?

Daneben nimmt es sich direkt dürftig aus, wenn der 20 m lange Katamaran CHARENTE MARITIME im Transat-en-Double-Rennen 1983 auf dem Rücktörn von den Bermudas „nur" einen Reisedurchschnitt von 16 Knoten schaffte. Wen schert dabei, daß bei diesem Rennen 20 der gemeldeten Teilnehmer aufgaben, 2 Multihulls sanken und ein Mann ertrank. Hauptsache, es wurden an manchen Tagen Etmale von 410 (!) sm gesegelt. Vor vier Jahren brauchten die Schnellsten für dieses 6000-sm-Rennen noch 34 Tage. 1983 schafften sie es in 22 Tagen. In 10 Jahren werden sie dann wohl schon vor dem Start zurück sein. Fortschritt oder SIQ −?

Noch verrückter geht es bei der modernen Wasserpest, den Surfern, zu. Alles okay, solange sie sich auf Seen und Flüssen gegenseitig in die Ewigen Jagdgründe befördern. Schlimmer wird es schon, wenn sie zuweilen harmlosen Schwimmern mit ihren scharfen Flossen den Rücken aufschlitzen. Doch was wollen sie *auf See?* Mitten im Fehmarnbelt traf Gustaf sie schon. Aber sie sollen auch schon die Beringstraße und größere Seeräume überquert haben; angeblich sogar den Atlantik. Ist das überhaupt noch „Segeln"? Und wenn, was sonst als SIQ − ?

Kein Wunder, daß die Zubehörindustrie diese Endzeit-Euphorie auf dem Wasser kräftig anheizt. Lämpchen blinken, Bildschirme flimmern, Oszillographen leuchten am Navi-Center − alles geht elektronisch viel leichter. Dabei haben britische Wissenschaftler ausgerechnet, daß 100 Angestellte eine Woche hart arbeiten müßten, um einen so gewaltigen Fehler zu machen, wie ein Computer ihn in einer Tausendstelsekunde schafft. Schöne Aussichten, was?

Und nachdem Scanner dem Bordmenschen das Denken abgenommen haben, dient er oft nur noch als Trimmgewicht. Immerhin sah Gustaf Regattafotos, wo 12 Mann gleichzeitig im Trapez hingen. Ja − selbst Trapez-Hochstapler entdeckte er, bei denen der Obermann auf den Schultern des Untermannes trapezte.

Ist Segeln nun Quatsch? Natürlich *nicht!* Ebenso wie Fortschritt „an sich" kein Quatsch ist. Nur eben, so meint Gustaf, sollte man den Atlantik nicht mit dem Hockenheimring verwechseln und aus einem Yachtskipper keinen Astronauten machen wollen.

Uff − das war's!

Insel-Zauber

Gustaf läuft auf der Straße seinem Zahnklempner übern Weg. „Gut, daß ich Sie treffe", sagt der, „ich wollte Sie ohnehin mal was fragen." − Was es denn sein dürfe, meint Gustaf. − Ach, es ist wegen der Mücken in Schweden. Seine Frau hätte solche Angst vor Mücken, und er wüßte nun gern, ob das wirklich so schlimm sei. − *Mücken!* Was soll Gustaf dazu sagen? Der Höflichkeit halber fragt er, wo er denn in Schweden hinwolle. − „Aufs Wasser natürlich", sagt der Doktor, erstaunt über solch dumme Frage, „in die Stockholmer Schären, mit 'ner tollen Segelyacht, so 'ner Art Schärenkreuzer."

Gustaf ist völlig neu, daß der Prothesen-Architekt segeln kann. Wo er das denn gelernt habe, will Gustaf wissen. − Na hören Sie, schon vor 20 Jahren, am Attersee, da hat er mit seiner Gattin im Urlaub einen Jollenkurs belegt. − Ob das nicht ein bißchen lange her ist, erwidert Gustaf. − „Wieso?" motzt der Doktor entrüstet, „hat sich denn das Segeln seitdem so grundlegend geändert?" − Nee, meint Gustaf, aber ein Schärendreißiger vor Stockholm sei doch was anderes als ein Pirat auf dem Attersee. − „Ach was", sagt der Doktor, „das Segeln in den Schären soll ganz einfach sein. Hier! Können Sie mal drin lesen. Geben Sie es mir morgen zurück." Und er drückt Gustaf einen dicken Prospekt vom Amtlichen Schwedischen Reisebüro in die Pfote.

Gustaf nimmt das Zeug mit ins Büro. In der Frühstückspause blickt er rein. Düwel ok, was er da in fast lyrischer Diktion liest, verschlägt ihm den Atem: *„Warum nicht einmal Kapitän sein? In den Stockholmer Schären gibt es 24 000 Inseln. Ein Ferienparadies, das die Touristen noch nicht entdeckt haben. Außerdem 3 000 Inseln im Mälarsee, wo Sie durch Stockholm hinsegeln können. Alles Inseln, wo Sie ankern, baden, Beeren und Blumen pflücken können. Welch ein Genuß, in einer stillen Bucht einzuschlafen, wenn die Wellen leise plätschern, das Frühstück im Cockpit zu essen und dabei die Schwäne zu füttern. Die Wasserstraßen zwischen den Schären sind oft eng mit vielen Buchten und schmalen Durchfahrten, unterbrochen von offenen Weiten, wo die großen Fähren nach Finnland und die Riesentanker fahren. Da gehen die Wogen der See niemals hoch, und wenn ein Sturm drohen sollte, sucht man eine Bucht auf, wo man die Segel in Ruhe reffen kann. Weit draußen bestehen die Inseln aus kahlen Klippen, aber die meisten sind bewaldet. Das alles ist ein riesiges Ferienparadies. Nur Ruhe und Frieden, schöne Natur und viel Platz. Auch für Sie!"*

Dann werden diverse Schlitten um neun bis zehn Meter angeboten und sogar ein Schärenkreuzer von 13 Meter Länge. Alles mit Echolot, Sumlog, Funkpeiler, Rettungsinsel und kompletten Kartensätzen für die Strecke Öland – Stockholm – Gävle. Hinsichtlich der Qualifikation des Bootsführers heißt es: *„In Schweden werden keine Führerscheine für Motor- oder Segelboote verlangt. Ein solcher Charterer ist somit nicht an die Vorlage irgendeines Scheines gebunden. Jedoch müssen Sie an Ort und Stelle nachweisen können, daß Sie das gecharterte Boot bedienen und führen können. Sollte sich dabei herausstellen, daß Sie mit dem Boot keinesfalls umgehen können und auch nicht zu erwarten ist, daß Sie dies binnen kurzer Zeit erlernen können, hat der Vercharterer das Recht, Ihnen das Boot nicht auszuhändigen. Allerdings wäre dies wirklich ein Extremfall, denn Sie werden selbst am besten beurteilen können, was Sie sich zutrauen können. Die Handhabung der Boote ist auch für den Unerfahrenen schnell erlernbar."*

Gustaf ist platt: Es ist kein böser Traum. Was er da liest, ist so echt wie Friedas dritte Zähne. Dabei hat er die schwedischen Schären bisher für ein besonders schwieriges Segelrevier mit den höchsten Unfallzahlen Europas gehalten. Wo doch sogar das königlich schwedische Kriegsschiff VASA Anno 1628 im Stockholmer Hafen kenterte und mit 500 Menschen an Bord absoff. Und nun schippert dieser Zahnmensch da so ganz unbedarft mit einem 13-Meter-Boot umher.

Irgendwas stimmt da nicht, denkt Gustaf. Auf dem Neckar braucht man für seinen motorisierten Angelkahn einen Führerschein. Aber in den schwedischen Schären geht es nur mit Selbstvertrauen und Zuversicht. Er schiebt die Kaffeetasse weg. Der Kaffee schmeckt ihm plötzlich nicht mehr.

Denkmal mit Schleppe

Gustafs Ehrfurcht vor den geistigen Werten des Lebens ist bekannt. Was einst bei der Kavallerie boshaft als „Fahnen, Rotz und Seelenheil" (Traditionspflege, Veterinärwesen, Geistlichkeit) abgetan wurde, nötigt ihm allerhöchsten Respekt ab. Vor allem die Traditionspflege am und auf dem Wasser hat es ihm angetan. Und dort vorzugsweise alle Denkmäler mit Ansteuerungscharakter.

Lange Zeit hat Gustaf das Laboer Marine-Ehrenmal für das schönste und sinnfälligste Monument der Welt gehalten. Schlank und stolz wie der Steven eines gigantischen Wikingerbootes. Gustaf grüßt es (und mit ihm die ganze Marine) beim Auslaufen jedesmal achtungsvoll. Und er freut sich inniglich, wenn er, von See kommend, weit draußen schon die hehren Konturen über der Probsteier Küste im diffusen Glast des Fördedunstes auf 190 Grad klar auftauchen sieht. Welch herrlicher, einmaliger Landfall!

Welch vollendete maritime Kunst und zugleich praktisch! Man kann richtig stolz sein, so etwas Schönes und Nützliches in seiner Heimatstadt zu besitzen. Was ist dagegen schon die Freiheitsstatue vor Manhattan? Ein Nichts!

Aber Laboe hat plötzlich Konkurrenz erhalten. Durch ein modernes „Wasserdenkmal mit Schleppe". Das gab es in der Kieler Bucht noch nie! Zuerst sollte es mitten auf dem Stollergrund aufgestellt werden. Aber man entschied sich dann doch für den attraktiveren Platz dicht unter der Küste bei Boknis Eck — justament am Eingang zur Eckernförder Bucht. Hier paßt es besser in die Landschaft und bietet auch mehr fürs Auge.

Ja, und da steht es nun, das imposante Kunstwerk: zwei eindrucksvolle Filigrane aus Stahl und Beton, dicht nebeneinander auf einem Bein im Wasser balancierend.

„Wie 'n Storch im Salat", meint Julchen respektlos. Gustaf aber ist beeindruckt von der Bereicherung der Fördelandschaft durch dieses kühn gestaltete architektonische Wasserbauwerk, das obendrein für manche Leute sogar von Nutzen sein soll. Was es darstellt? Ach so — raten Sie mal: Ist es ein neues Objekt des Verpackungskünstlers Christo? Oder ein Werk aus der Schule des phantastischen Realismus? Nein — zwei Ölbohrinseln! Wenn man sie aus der Hubschrauberperspektive betrachtet, sieht man auch die blaßlaue Schleppe, welche die Strömung wie einen Schleier hinter ihnen ausbreitet. Manchmal wechselt ihr Blau in Lila, und im Abendsonnenschein schillert sie gar wie ein Regenbogen. Was für ein Wunderwerk!

Gustaf meint, die Inselgruppe sei noch schöner als das Marine-Ehrenmal von

Laboe. Wenn sie ihre Fackeln anzündet, glühen diese heller als die Lava des Mauna Loa. Sozusagen ein „Gruppenbild mit Fahne". Die Ölfritzen haben ihr den romantischen Namen „Schwedeneck" gegeben, was einen unwillkürlich an die große Wasa-Dynastie oder an Königin Silvia denken läßt. Auch was die Schleppe angeht. Sie bläht sich nicht nur wie eine Krawatte von Saint Laurent bunt im Winde, sondern wächst mit der Strömung zu einem Riesenteppich, der sogar *duftet.*

Nach Erdöl, sagt Julchen, aber Gustaf findet, daß es darauf gar nicht ankommt. Hauptsache ist doch schließlich, daß die Kieler Bucht dadurch schöner geworden ist.

Früher hat er sich oft über die vielen abgesperrten See-Schießbahnen, Torpedoversuchsfelder, Minengärten, Munitions-Versenkungsgebiete und U-Boot-Übungsstrecken entlang seiner heimischen Küstenstriche geärgert. Warum eigentlich? Man sollte das mehr positiv sehen: Ein Sperrtonnen-Slalom vor der Haustür erhöht schließlich die sportlichen Reize der Seefahrt beträchtlich. Wie kann da eine harmlose Bohrinsel stören, wenn sie obendrein unsere an Inseln so arme westdeutsche Ostsee-Küstenlandschaft um ein weiteres Eiland bereichert? Etwa von der Ästhetik her? Also so 'ne schillernde Erdöl-Schleppe im Abendsonnenschein, vor der Skyline von Damp einherdriftend, dat is doch wat, oder nich? Und dann auf *einem Bein stehend!* Wer kann dat schon? Bei echter Kunst darf man nie über den Sinn nachdenken. Irgend etwas werden die Leute sich schon dabei gedacht haben.

Merke: Die unbegreiflich hohen Werke sind herrlich wie am ersten Tag. (Goethe, Faust)

Der letzte Schrei

Die SINDBAD hatte ihren ersten Motor bekommen – einen rustikal tuckernden 4-PS-Fischerboot-Einzylinder aus Dänemark. Gustafs Mädchen fanden ihn recht laut. Doch der Skipper war entzückt: Welch ein Klang! Und wozu hatte ein Kapitän schließlich seine Stimme? Damit übertönte er dat büschen Motorenlärm allemal. Beim An- und Ablegen, wie auch bei anderen Gelegenheiten, konnte er dem Weibervolk auf dem Vorschiff seine Befehle ohne Mühe lautstark genug übermitteln. Er brauchte nur etwas kräftiger als gewöhnlich zu bellen.

Natürlich fanden die Mädchen sein Gebrüll in hohem Maße peinlich, ja direkt entwürdigend. Einmal warf Julchen dem Alten im Hafen von Schilksee sogar vor, sein Geschrei sei nichts weiter als eine „eingeklemmte Profilneurose". Und sie fügte voll Lebenserfahrung hinzu: „Wer schreit, hat sowieso unrecht!"

Zugegeben, so etwas verschreckte Gustaf ganz schön. Er und unrecht haben! – Der Motor war nun einmal so laut! Aber die Kritik seiner Ischen hatte ihn doch unsicher gemacht. Und so kam es, daß er seitdem bei allen Manövern immer unruhig auf der Ruderducht hin und her hüpfte, als ständen seine Socken unter Strom. Sah dat verdammte Gör denn nicht, daß dat Fockfall hinter der Saling hing . . .? Und schon ließ er – trotz aller

guten Vorsätze – einen Urschrei los, gegen den die Posaunen von Jericho wie das Zirpen einer Äolsharfe klangen. Dem Motor war's egal – den Mädchen nicht.

So verging der erste Sommer mit Motor: Der Jockel röhrte seinen trockenen Husten über die Kieler Bucht; Gustaf fluchte mit Stentorstimme, sobald „vorne" etwas nicht klappte. Und er würde wohl noch heute die Luft vor Bülk mit seinem Geschrei erfüllen, wenn es Konsul Bullerjahn aus Blankenese nicht gegeben hätte. Der hatte sich am IJsselmeer eines dieser schwimmenden Hochhäuser bauen lassen, mit denen streßgeplagte Naturfreunde auf See ihren Frust abzureagieren versuchen.

Es würde zu weit führen, alle Errungenschaften der Schiffbautechnik aufzuzählen, die der Konsul auf seinen *skysweeper* montieren ließ. Sein größter Stolz indes waren die an und unter Deck raffiniert angeordneten 16 Lautsprecher einer zentralgesteuerten Wechselsprechanlage. Mit deren 120-Dezibel-Vorschiffs-Tröte konnte man problemlos einen Mann von der Bugspriet-Gräting ins Wasser blasen.

Die Wahrscheinlichkeit, daß Gustaf und der Konsul sich eines Tages auf den sieben Meeren begegneten, war sehr klein. Eher könnte man damit rechnen, Heino im Fernsehen als Dirigent der Berliner

Philharmoniker zu erleben. Aber dennoch ist es geschehen. Und zwar ausgerechnet im kleinen, gemütlichen Fjællebrœn, wo Gustaf, nach harter Kreuz durch den Svendborg Sund, für die Nacht angebunden hat.

Als sie gerade im Cockpit beim Abendbrot sitzen, ruft Julchen plötzlich: „Hört mal, da brüllt jemand noch lauter als unser Käptn!" Alle springen auf und blicken über die Molenkante. Aber auf der ganzen Nakkebølle-Bucht regt sich nichts. Trotzdem hören sie vom Sund her laute Kommandos.

Da sie außer einer weißen Motoryacht weit draußen kein anderes Schiff sehen, muß der Lärm von dort kommen. Die Yacht tastet sich langsam in die eine Seemeile lange, gewundene Fahrrinne hinein. Es ist ein großer Pott mit hohen Aufbauten, und der Hafen ist eigentlich zu klein für ihn. „Leute", ruft Julchen, „ — ein richtiger Kreidefelsen!"

Doch es ist kein Kreidefelsen, sondern die FLEET V des Konsuls Bullerjahn. Und je mehr sich die FLEET dem Hafen nähert, desto lauter quäken die Tröten ihrer Lautsprecheranlage über die stille Bucht. Sie dröhnen so laut, daß die Löffel in SINDBADS Muggen klirren und Frieda sich die Ohren zuhält.

Und jetzt vernimmt man auch klar die Stimme des Skippers: „Achtung, Aaachtung — Vordeck klar bei Festmacher — Fender an Backbord — Achterdeck Beiboot kurzstag nehmen — Echolot peilt zwoachtzig, zwosiebenzig — einsneunzig ... *Scheißtechnik!* Maschine *stand by* — klar bei Peilstange, Handlotung . . ."

„Scheißtechnik stimmt!" ruft Gustaf. Er weiß, daß die Rinne mindestens drei Meter tief ist und der Hafen hinter der Mole gut zwoeinhalb Meter Wasser hat, also dicke genug für den Newcomer. „Aber warum blökt der Dösbaddel bloß so laut?" fragt er Frieda. — Das Kahn-

weib denkt nach. Doch Julchen hat sich schon eingemischt. „Mönsch Vati", sagt sie, „wieso findste das denn laut? Da sollste *dich* erst mal hören! Wenn du deine Röhre aufdrehst, meint man echt, du hättest deine Prothese verschluckt. Das fetzt vielleicht ganz schön!" Gustaf ist platt. Er und laut! Zu Hause fragt er Heini, ob er laut sei. „Schrecklich!" sagt Heini, worauf Gustaf ihm verklart, daß daran doch nur der dämliche Motor schuld sei.

„Schalldämpfer!" brummt Heini. Das ist alles, was er dazu sagt. Aber es genügt. – Über Winter baut Gustaf solch ein Ding in SINDBADS Auspuff ein. Und seitdem ist es wieder stille über den Wassern, wenn Gustaf mit seinen Mädchen segelt. Und niemand braucht sich beim An- und Ablegen mehr zu schämen. „Klappt ja auch leise alles viel besser!" sagt Frieda. Und Julchen fügt hinzu „Find ich irre geil, son'n Schallkiller!"

Konsul Bullerjahns Sprechanlage haben sie längst vergessen. Leider! Eigentlich verdanken sie ihm doch das völlig neue Segelgefühl.

 # *NOW*

Eigentlich ist „now" englisch und heißt „nun". Aber auf Heikos neuem Plastikdampfer OLGA bedeutet es die Abkürzung für ihren raffinierten Hubkiel Marke NOW. N=Nordsee (Stellung tief); O=Ostsee (Stellung mittel); W=Watten (Stellung Null). Ein technisches Meisterwerk, zum Weltpatent angemeldet. Und erst die Bedienung! Bei Heikos NOW-Kiel läuft alles elektronisch: modulgesteuerte Knopfdrucktechnik. Kein Kurbeln mehr, keine Schwerttalje, keine Hydraulik – alles geht bei OLGA durch Antippen von drei Sensorentasten. Und die sogar in verschiedenen Farben leuchtend, um ja nichts zu verwechseln. Alles weitere besorgen kleine grüne Männlein in einem schwarzen Kästchen von der Größe einer Zigarettenpackung, „Bläck Bocks" genannt. Praktisch, nöch?

In Høruphav wird Gustaf das Ding von Heiko immer wieder vorgeführt: Stellung Nordsee; Stellung Ostsee; Missionarsstellung Null. Man hört nichts als ein leises Surren, etwa wie im Fahrstuhl. Richtig gediegen, findet Gustaf, aber da er ein ewiger Zweifler ist, hakt er doch mal nach: Was, wenn die grünen Männlein mal krank werden? Oder der Strom ausfällt? – Kein Problem, meint Heiko, Module halten ewig. Und wenn der Akku mal streiken sollte, fährt er den Kiel einfach in Nordseestellung. Logo?

Sicher, sicher, nickt Gustaf. Aber leise Zweifel bleiben ihm doch. Typisch Gustaf!

An sich braucht Heiko die Nordseestellung gar nicht, denn er segelt nur auf der Ostsee. Aber da er sie mitbezahlt hat, nutzt er sie auch. Ist ja bei Windstärke sechs auch ganz angenehm, Vollzeug fahren zu können. Na ja, brummt Gustaf, der auf der SINDBAD schon ab 5 Bft zwei Ringe eindrehen muß. Was die Technik heutzutage nicht alles möglich macht . . .

Gustaf hat Heikos Hubkiel längst vergessen, als er Wochen später das liebliche Troense am Svendborg Sund ansteuert. Am Steg ist alles gerammelt voll. Doch wozu hat Troense den schönsten Ankergrund Dänemarks? Also läßt er im Schutz der Baumkronen von Bregninge Skov den Anker auf zwei Meter Wassertiefe fallen und blickt sich um. An die 20 Yachten ankern hier dicht bei dicht. Alle haben die Nasen im Abendwind nach Südwesten ausgerichtet. Bis auf eine. Die liegt weiter unter Land quer zum Wind, und es scheint, als habe sie Schlagseite.

„Hej Männ, ich glaub', mein Holzbein brennt!" ruft Julchen. „Das ist doch Onkel Heiko mit seiner OLGA! Aber wie ankert die denn komisch? Liegt sie gar vor Bug- und Heckanker? Und warum?"

Gustaf weiß es auch nicht. Julchen soll ihn mit dem Dingi rasch mal zur OLGA übersetzen. Dann werden sie es ja erfahren. – Heiko nimmt am Heck die Fangleine wahr und hilft den beiden an Deck. Er sieht traurig aus. „Is was?" fragt Gustaf höflich. Aber Julchen geht in ihrer sehr direkten Art gleich in die Vollen und will wissen, warum und weshalb die OLGA so auf einem Ohr liegt.

„Ja eben . . ." sagt Heiko, „dat isses ja gerade!" Sie wollten möglichst dicht unter Land ankern, so auf etwa einem Meter Wasser, und Heiko hatte den roten Knopf gedrückt für Kielstellung W = Watten. Aber da tickte irgend etwas im schwarzen Kasten, die Sensoren-Lämpchen flackerten hektisch und der Kiel plumpste ruckartig auf Nordseetiefe (1,90 m), anstatt auf Nullstellung hochzuliften. Nun war das Wasser an dieser Stelle aber nur 1,20 m tief. Und so hatte sich der schwere Kiel 70 cm tief in den Modder gebohrt, so daß alles Krängen, Schwojen und Ankerausfahren nichts half. Die OLGA saß eisern fest, und die ostwärts setzende Strömung tat ein übriges, um den Wasserstand des Sunds noch ein wenig zu senken.

„Korinther 17, Vers 3", frotzelte Julchen: „Ich habe nun den Grund gefunden, der meinen Anker ewig hält." — Heiko fand das gar nicht komisch, und Gustaf trat ihr mahnend vors Schienbein. Beide sprachen dann Heiko und seiner Vorschotgattin ihr tiefstes Mitgefühl aus und fragten, ob man ihnen irgendwie helfen könne. Irgendwie schon, meinte Heiko, aber *wie*, zum Teufel? Bring mal kleine grüne Männchen wieder in Reih und Glied, wenn die total ausgeflippt sind. Mit Hammer, Säge und Schrauben-

schlüssel verstand Gustaf umzugehen. Aber mit Mikroprozessoren? Nee — dat war nix für ihn. Und auch Heiko wußte nicht, mit welcher Zauberformel er die wildgewordene Elektronik zur Räson bringen konnte. Es war echt zum Heulen!

„Die Bauwerft ..." wollte Gustaf raten. Aber Heiko winkte ab — die war weit weg, irgendwo in Europa. Heiko wußte nicht einmal genau, wo; er hatte das Boot über eine Agentur gekauft.

Julchen stieß den Vater an und flüsterte: „Echt totaler Frust! Komm Oldie, laß uns die Hufe schmeißen!" Daraufhin verdrückten sie sich. War ja auch eigentlich nicht ihr Bier. Oder —? Während sie von der OLGA ablegten, hockte Heiko verdrossen auf seinem Kajütdach und sah ihnen traurig nach.

Als die SINDBAD am nächsten Morgen ankerauf ging, lag die OLGA noch ein wenig mehr auf der Seite. Niemand war an Deck. Vielleicht fragten Heiko und seine Olsch in den Fischerhütten von Troense nach einem Computerfachmann. Vielleicht auch suchten sie in der reetgedeckten Dorfkirche Trost im Gebet. Aber ob Big Brother ihnen bei diesem Problem helfen konnte —? Dann schon eher die heilige Rita, die für „Hilfe in aussichtslosen Anliegen" zuständig ist.

Gustaf streichelte abends seine olle blakende Petroleumlampe. Ihm wurde dabei mit einmal ganz warm ums Herz. Warum nur? Er schwieg dazu. Es gibt Sachen, die behält man besser für sich ...

1" /›

Tschüs Appel!

In allen Wassersportzeitschriften hat es gestanden. Es wurde kommentiert – positiv und negativ; von klugen Leuten und solchen, die sich dafür halten. Gustaf hat es erst nicht recht wahrhaben wollen. Man liest so viel ... Aber dann stieß er eines Tages direkt mit der Nase drauf. Da wurde ihm klar, was für einen echten Verlust er einstecken mußte. Hat er doch einen guten, treuen und zuverlässigen Freund und Ratgeber verloren: den *Schiet-Appel*, auf Missingsch „Schietball"; im Amtsdeutsch „Windwarnung" geheißen.

Und wo ihm das aufgefallen ist? Vor Bülk? Auf der Schleimünder Mole? Am Travemünder Leuchtenfeld? Nee, Freunde, ihr werdet es nie erraten: in Langenargen am Bodensee! Jawoll, dort saß er mit Frieda auf einer Bank am Yachthafen und träumte von der Ostsee und seiner SINDBAD. Plötzlich fing es an zu blitzen – direkt vor seiner Nase, und auch gegenüber am Schweizer Ufer in Romanshorn, Egnach, Arborn, Horn und Rorschach. – So weit er blicken konnte und auch dort, wo rechts und links Bäume die Sicht verdeckten: An insgesamt 40 Stellen am See blitzte es multilateral! Erst langsam, dann immer schneller, bis es nach etwa fünf Minuten ringsum nur so funkelte. Und dann pfiff es auch schon! Die Bäume schüttelten

sich; die von Südosten aus dem Rheintal her über den See herangaloppierenden Lämmerherden hatten zerzauste Felle. Und während die ersten Sturmböen über die weite Fläche des Sees brausten, suchten ein paar verschreckte Jollen rasch noch vor der Fock Schutz im nächstgelegenen Yachthafen.

Es war das Bodensee-Windwarnsystem – vor 20 Jahren schon von allen drei Anrainerstaaten eingeführt und seitdem zentral gesteuert im Einsatz. Eine tolle Einrichtung, die man, falls es sie noch nicht gäbe, schnellstens einführen müßte.

Bei dieser Überlegung wurden Gustaf plötzlich die Augen feucht: Eine Warnanlage, die von südlichen Menschenfreunden in Jahrzehnten mühsam aufgebaut worden war, hatten Gustafs Nordlichter über Nacht per Ordre de Mufti abgeschafft – das Windwarnsystem an den deutschen Küsten. Und da der Büroschimmel um Begründungen bekanntlich nie verlegen ist, schallte es dann auch gleich aus diversen küstennahen Amtsstuben lautstark: Die Segler sollten bloß nicht so tun, als ob sie die Signale je beachtet hätten. Die hätten doch längst alle ihre Grenzwellenempfänger. Und die Bedeutung der Kegel oder Flaggen hätte ohnehin niemand mehr gekannt.

Gustaf muß ehrlich zugeben, daß da

etwas dran ist. Bei den komischen Kegeln hat er immer lange überlegen müssen, ob der Sturm nun aus NO oder SW zu erwarten war. Und ob der Wind, den roten Flaggen zufolge, ausschießen oder krimpen würde, hat ihn wenig interessiert. Weil er das nämlich alles für Quatsch hielt. Was er wissen wollte war, ob *Starkwind* zu erwarten war – egal, ob mit ein oder zwei Kegeln oder Flaggen und von wo kommend und wohin drehend. Schietwetter kam auf der Ostsee ohnehin meistens aus Südwesten und drehte über West auf Rückseiten-Nordwest. Ein *Ball* als Windwarnung hätte ihm vollauf genügt. Ohne Drumherum, wie die Bodenseeblinker!

Ein Ball für Schietwetter! Als Hilfe für alle, die nicht dauernd am Knöpfchen drehen wollen. Die gehetzt von UTC, MEZ und MESZ (welch Wahnsinn!) pausenlos den Äther erforschen, um die Winde von DDR-Arkona mit „dat Wedder" von Kiel Radio zu vergleichen.

Mann, wat wär dat fröher scheun op See! Wachte man morgens auf, blickte man aus dem Schiebeluk zum Signalmast auf der Mole. Schietball oben: Klappe dicht, schnarch! – Schipperte man an Schleimünde vorbei und sah den „Appel" hängen, lief man flugs ein. Sicher ist sicher. Wurde der Appel eingeholt, war es Zeit zum Auslaufen. So einfach war das.

Gustaf denkt dabei nicht so sehr an jene Quatzen, die gespickt sind mit so viel Knöppkens wie ein Igel Stacheln hat. Nee, er denkt mehr an die Lütten, die Gustafs, Heinis, Fietjes. An die Ruderer, Kanuten, Surfer, Schlauchbootkapitäne, Jollen, Jugendkutter, Motorbootchen und Minikreuzer – also dat Kroppzeug der Küste, das nicht sofort zum Seefunk greift, wenn man mal einen Schlag vor der Haustür machen will.

Ja, Gustaf denkt dabei auch an das Millionenheer von Bundesbediensteten, das mit seiner Hilfe ernährt und unterhalten wird. Keiner frei, um zweimal täglich eine telefonische Windwarnung entgegenzunehmen und im Bedarfsfall den Ball vorzuheißen? Oder den Schalter für ein Blinklicht zu betätigen wie am Bodensee? Traurige Zeiten! Wo Willem Zwo doch so schön prophezeit hat, daß Deutschlands Zukunft auf dem Wasser läge. Gottverdori ...

Ein gewonnener Admiral's Cup ist eine schöne, erhebende Sache. Und ein Tagessieg im America's Cup wäre gar einen nationalen Fackelzug wert. Aber was haben Gustaf und Heini davon? Denen wäre mit einem Schietball auf der heimischen Mole mehr gedient. Auch wenn es sich kleinkariert anhört und ein wenig nach Majestätsbeleidigung riecht.

Immerhin – wenn's schon kein Appel mehr gibt, dann kann's dich doch wenigstens ein' wünschen!

Fluchtweg-Quiz

In Fjællebroen trifft Gustaf eines Tages einen dieser hochkarätigen Meilenfresser: mit einem Dutzend Lizenzen in der Tasche; im Masttopp ein Gewirr von Drähten, Spulen und Antennen; das Cockpit reich geschmückt mit goldenen und silbernen Plaketten.

Der kratzt sich am Kopf, weil seine Maschine ausgefallen ist und er nun nicht weiß, wie er gegen den steifen Südost aus dem Hafen kommen soll. Reingekom-men ist er vor der Fock – in der Hoffnung, hier eine Werkstatt zu finden.

Doch damit ist es Essig: Der Motormixer macht gerade Urlaub. Warum auch nicht? Ist ja Urlaubszeit! Aber es zwingt den Skipper, rasch weiter nach Fåborg zu segeln, wo es eine gute Volvo-Werkstatt geben soll. Wenn ihn nur jemand aus dem Hafen schleppen würde! Und er sieht dabei Gustaf an.

Wie er denn ohne Motor reingekom-men sei, fragt Gustaf listig. Und er schlägt vor, auf die gleiche Weise die Ausfahrt zu versuchen. Geht nicht, klagt der Plakettensegler: alles gegenan, der SO steht genau ins Loch! „Verwarp doch einfach", sagt Gustaf trocken und will gehen.

Wie denn das, will der Kollege wissen und packt Gustaf am Ärmel. Der erklärt ihm willig, wie das früher war, wenn er mit seinem Opa bei steifem Ostwind aus dem Alten Olympiahafen rauswollte. Dann verholten sie Opas Arche bis ans Ende der Pfahlreihe, brachten eine lange Warpleine zum Brückenkopf aus (auf Slip natürlich), setzten Großsegel und Fock, zogen sich an der Leine mit viel Schwung bis zur Hafenausfahrt, Leine los, Schoten dicht, abfallen – und schon war man draußen. So einfach ging das damals, als die Yachten noch wie Schiffe aussahen, die Hecks noch keine Rutschbahnen für Aussteiger waren und das Ruderblatt bei Lage noch ins Wasser tauchte. Da hatten von den 40 Yachten im Hafen nämlich nur drei einen Motor. Und raus wollten alle.

Der Spider-Murphy-Kapitän ist baff. Er lotst Gustaf zu einem trocknen Sherry auf seinen Racer und will mehr wissen von früher und so. Wie die Schiffe denn damals ausgerüstet waren; was für Gerät sie zum Beispiel hatten.

„Gerät . . . ?" Gustaf verzieht das Gesicht, als habe er auf Pfeffer gebissen. Bei diesem ketzerischen Wort sträuben sich ihm sämtliche Haare am Körper. „Nee, so wat hebbt wie nich brukt! Wozu

auch?" – „Was", staunt der Alpacca-Skipper, „kein Echolot, kein Sumlog, keinen Funkpeiler? Etwa auch keinen Kompaß? Und ohne Barometer?" Er glaubt, daß Gustaf ihn verkohlen will.

Gustaf grient verlegen. Wie soll man solch einem Astronauten verklickern, wie dat früher auf dem Wasser zuging. Barometer waren sowieso Quatsch, denn sie zeigten immer nur an, wie das Wetter gerade war. Ständige Beobachtung von Wetter, Wolken und Seegang hingegen verrieten die *Entwicklung* des Wetters, und das war ja wohl viel wichtiger. Und ein Kompaß war natürlich an Bord, aber zumeist unter Deck im Schapp verstaut und nur umständlich, auf einem Brett verschraubt, im Cockpit aufzubauen. Eigentlich brauchte man ihn nur nachts, bei Nebel oder auf langen Überseetörns im Kattegat oder nach Bornholm, und auch da nur zur Kontrolle. Die meiste Zeit über steuerte man nach Sonne, Wind und Wellen und kam meistens auch an der richtigen Stelle an.

„Ganz ohne Elektrizität?" will der Neusegler wissen. Schließlich brauchte man ja auch damals Strom für Positionslampen, Kompaßbeleuchtung, Scheinwerfer, Kühlschrank und Kartentischlampen. Nee, lacht Gustaf, dafür gab es Kerzen und Petroleum. Der Kompaß hatte auf dem Nullgrad eine Leuchtfarbenmarkierung; die Posis nützten bei Schräglage ohnehin nichts; als Scheinwerfer diente eine Taschenlampe; die Kühlbox wurde mit Stangeneis betrieben. Wozu also Strom? – Na, zum Lesen und beim Abendessen. – Quatsch, dafür gab es ja Petroleum und Kerzen. Und kein bißchen Kunststoff an Bord? Kein Stückchen PVC, Acryl, Dacron oder Terylene? Womit seien sie denn gesegelt? – Mit Baumwollsegeln natürlich. Reiche Leute fuhren ägyptisches Mako; anderen genügte deutsches Leinen. Waren umständlich zu trimmen, die Plünnen; durften beim Einfahren nicht überdehnt werden, sonst gab es Kummerfalten; und wenn sie mal naß eingepackt wurden, gab es gleich Stockflecken. Aber sie *lebten,* die Segel!

Und Winschen, Spills, Koffeegrinder? – Völlig unbekannt! „Lang den Arm und krumm dat Krüz", hat Opa immer beim Schotenreißen gerufen. Und in die Fockschot hat er eine rote Markierung geflochten, um sehen zu können, ob sie auch dicht genug geholt war.

Der Eumel ist platt. Da muß es doch dauernd gekracht haben, so ganz ohne Motor und Elektrizität. „Eben *nicht!"* kontert Gustaf und erklärt auch gleich, *warum.* Opa hat sich immer einen „Fluchtweg" offengelassen: Jedes Manöver war so angelegt, daß genug Zeit und Raum für eine Wiederholung blieb, wenn es beim ersten Mal mißlang. Und unterwegs hat Opa ihn dauernd gefragt, was er tun würde, wenn just in diesem Augenblick die Großschot bräche, die Olsch über Bord fiele, der Anker auf Drift ginge oder der Primuskocher in die Luft flöge. Musikdampfer, die ihm das Wegerecht nahmen, Gegenstrom aus der Schlei-Mündung oder ein ausgerauschtes

Fockfall – alles Themen für Blitzfragen: *Fluchtweg-Analysen!* Gustaf durfte nicht länger als 5 Sekunden nachdenken. War die Antwort falsch, gab es einen Knuff in die Rippen.

So hart waren damals die Bräuche, aber man lernte als junger Kerl dabei eine Menge. Heute schießen sie gleich Rot, wenn das Klo verstopft ist, und können kaum noch einen Bootshaken sinnvoll bedienen oder einen Stopperstek richtig knüpfen. Oder ohne Motor aus dem Hafen segeln . . .

Gustaf hat sich in Zorn geredet. Er trinkt seinen Sherry aus und verkrümelt sich an Land. Was soll er seine Zeit mit so einem Döskopp vergeuden! Opas Fluchtweg-Quiz war ein echter Knüller! Dat fehlt denen heute ja gerade! G-e-r-ä-t-e ! Und sowat fährt zur See!

89

Chartergäste

Frieda ist nicht jeden Sommer scharf auf die dänischen Inseln. Sie liebt öfter mal was Neues. Dann bucht Gustaf irgendwo in Europa ein Charterboot und vermietet in dieser Zeit seine SINDBAD. Aber nur an Leute, die er gut kennt, mit Führerschein, Kaution, Zusatzversicherung und Ausfallgarantie. Er weiß, warum. Hat er doch auf seinen Reisen schon so viele abenteuerliche Charterer getroffen, daß ihm deren hohle Versprechungen nicht mehr bedeuten als der Treueschwur eines Callgirls.

In der Tat, mancher Flop, den er mit dieser Spezies auf dem Wasser erlebte, mutet an wie eine Farce von Courteline: Da war doch dieser Bursche, der als Bordwache auf der britischen Charter-Yawl zurückgelassen war, die in Strömstad an der Brücke vertäut hatte. Langaufgeschossen und hager wie eine Zaunlatte stand er im Cockpit auf der Ducht und sah dem quirlenden Betrieb im Hafen zu. In der Linken eine Blechtasse mit Tee, in der Rechten ein Marmeladenbrot.

Etwa zehn Meter neben seinem Schiff übten zwei Teenies mit ihrem Autbord-Dingi, dessen Motor nicht anspringen wollte. Nach dem zwanzigsten Versuch tat er es spontan und ohne Vorwarnung. Das Dingi machte einen grotesken Satz, der die Bengels übereinander purzeln

ließ. Nach zwei wilden Pirouetten schoß es alsdann auf den Bug der britischen Yacht los und rammte ihn mit solcher Gewalt, daß der große Kahn in seinen Spanten erbebte und das Marmeladenbrot mitsamt seinem Träger aus den Latschen kippte. Das Dingi knirschte wie von der Axt getroffen. Das Vorschiff der Yacht legte sich in Falten und verlor seine jungfräuliche Blässe.

Gustaf erwartete nun, daß der Marmeladenboy aufgeregt nach vorn stürzen, nach der Beule schauen, lauthals nach Zeugen rufen und die Namen der Schuldigen notieren würde. Aber nichts dergleichen geschah: Er bückte sich statt dessen und suchte im Cockpit nach den Resten seiner Stulle. Nachdem er sie vom Boden aufgeklaubt hatte, kletterte er mit urbritischer Gelassenheit zurück auf die Ducht und beobachtete interessiert die Flucht der Dingi-Besatzung. Sein Vorschiff war ihm so schnuppe wie Julchen die letzte Fünf in Mathe. – Chartergäste!

Ach ja, und dann in Ærøskøbing die Lustbarke unter helvetischer Flagge! Es wehte mit 6 Bft aus Nordost. Sie hatten den großen Kahn gerefft und standen mit *all hands* an Deck umher, woran man Charterboote immer leicht erkennen kann. Der Skipper fuhr das Hafenmanöver unter Segel – vielleicht, weil er ein

Held war wie Wilhelm Tell, oder die Maschine streikte. Er passierte die Molenköpfe des alten Handelshafens raumschots mit Braßfahrt und fierte die Schot zum Aufschießer. Aber die Schot klemmte. Und zum Aufschießen fehlte auch der Platz. Als der Skipper es bemerkte, war der Hafen schon zu Ende. Er riß das Ruder nach Luv und fuhr eine „Rennhalse mit fliegenden Schoten". Das Decksvolk (Gustaf zählte sieben!) ging in die Knie, aber da waren sie schon wieder an der Mole. Halse Nr. 2 folgte wie gehabt.

An Land brüllten die „främbden Fötzel" (wie die Schweizer alle Nichtschweizer nennen) blödsinnige Kommandos wie „Schot dicht!" oder „Abfallen!". So ging es mehrmals hin und her. Gottlob war die Seite des Hafens, wo die Yachten lagen, mit Dalben reich gespickt. Deren einer erbarmte sich schließlich und hakte bei einer neuen Halse hinter die wie ein Lasso weit ausschwingende Großschot. Abrupter Stopp, knirsch, rrumms, Geschrei an Land, Chaos an Deck, Großsegel vor dem Wind geborgen, Fock am Pfahl zerrissen, totaler Zustand. – Chartergäste!

Beinahe hätte Gustaf den französischen Ladyskipper vom Canal du Midi vergessen. Mannomann – der Kanal war hinter Carcassonne nur zwölf Meter breit und das Charterboot zehn Meter lang. Aber die Lady wollte partout an dieser Stelle wenden. Wie mit dem Auto: dreimal vorwärts/rückwärts, und schon biste rum. Sie hatte eine Gauloise zwischen den kirschroten Lippen, blonde Locken und eine große Familie, die das Deck bevölkerte. Und ein neues Mahagoni-Beiboot im Schlepp (aber das hatte sie total vergessen).

So drehte sie mit „Vollgas voraus" und „Ruder hart Backbord" einen Meter nach links. Dann dito zurück. Aber das ging nicht, denn am Heck hing das Dingi, welches bitterlich weinte. Egal – mehr Gas! Es ging nicht. Das als Fender mißbrauchte Dingi schrie erbärmlich! Noch einmal das Ganze von vorn. Und siehe da – auf einmal ging es. Das Dingi weinte nicht mehr. Es war – rickeracke mit Geknacke – zwischen Heck und Bollwerk auf Pankokenstärke zusammengequetscht und abgesoffen. *Grand malheur de kack!* – Chartergäste!

Da Charteryachten oft ohne Seekarten vermietet werden, segeln die Quiddjes meist frei nach Schnauze: Wo Wasser ist, da geht's lang. So dachten auch die drei Holländer auf ihrem in Nibe am Limfjord gemieteten Kielkreuzer. Niemand hatte ihnen gesagt, daß sich gleich neben dem Tonnenstrich ein riesiges Flach nach Nordwesten erstreckt. So saßen sie seit Stunden hoch und trocken, als Gustaf sie sichtete. Und da sie nur eine Autokarte hatten, wußten sie auch nicht, nach welcher Seite es tiefer wurde. So würgten sie sich wie verrückt mit Anker und Maschine immer höher auf Dreck. Traurig – Gustaf konnte sie nur bedauern, aber *helfen* konnte er ihnen von der Fahrrinne aus auch nicht. – Chartergäste!

Ach – Gustaf fallen so viele Erleb-

nisse mit Charterbooten ein (eigene Eseleien nicht ausgenommen). So der in Friesland unter der Wellebrug-Betonbrücke eingeklemmte Doktor aus Bochum. – Oder gar der im Umgang mit britischen Schleusen unerfahrene Däne auf der Themse, der sein Hausboot an der Old-Windsor-Schleuse aufhängte, weil ihn der Blick aufs Castle so fasziniert hatte, daß er alles andere vergaß. – Ganz zu schweigen von dem neugierigen Charterer aus Deutschland, der auf dem irischen Shannon sein Echolot testen wollte. Dabei verwechselte er (wie viele Deutsche!) englische Fuß mit Metern und starrte alsdann erstaunt auf den Hinkelstein, der sich wie ein Gruß aus der keltischen Unterwelt durch seinen Schiffsboden schob. – Chartergäste!

Na ja, jeder macht mal einen Fehler. Aber man versteht jetzt, warum Gustaf sich mit seiner SINDBAD so pingelig anstellt, wenn er die mal vermietet. Wenn überhaupt! Denn nicht jeder Brutus ist ein ehrenwerter Mann.

Merke: Hoffen wir das Beste und seien wir auf das Schlimmste gefaßt. (Frank Wedekind)

Nabelschau

Prof. Dr. Möller-Meumann, Inhaber des Lehrstuhls für angewandte Demagogie (und Gustafs linker Stegnachbar), freut sich immer, wenn er Frieda und ihren Skipper an Deck der SINDBAD entdeckt. Ach, was sind das doch für reizende Leute! Wie nett und rücksichtsvoll die beiden miteinander umgehen! Fürwahr ein friedliches Paar — wie Eiche und Linde fast!

Ja, so hat er sie genannt: *Eiche und Linde.* — Gustaf weiß nicht, warum. Er hat nie etwas von Philemon und Baucis gehört, jenem von Ovid gepriesenen alten phrygischen Ehepaar. Es bewirtete einst Gottvater Zeus — ohne ihn zu erkennen — auf einer seiner irdischen Wanderungen. Zum Dank stellte Zeus beiden einen Wunsch frei. Doch sie wünschten sich nur, bei ihrem dermaleinstigen Ende gemeinsam sterben zu dürfen. — Der Gott vergaß das nicht und verwandelte sie, als ihre Zeit gekommen war, in zwei Bäume: Eiche und Linde — selbst im Tode getreulich vereint.

Von Tetje, der sich als Abiturient mit so was auskennt, hat Gustaf sich die Baumstory in Ruhe verklickern lassen. Dunnerlüchting! — So berühmte Vorbilder haben er und seine Olsch also! Es lohnt sich wirklich, einmal 'n büschen über ihr bisheriges Leben nachzudenken. „Nabelschau halten" oder wie dat heißen

tut. War wirklich alles so ideal?

Früher, als Julchen noch regelmäßig mit ihnen segelte (heute tut sie es nur noch sporadisch), waren sie eine gute Crew. Als Julchens Abnabelungsprozeß einsetzte (und auch bald darauf dem Ende zuging), war aus einer guten Crew ein segelndes Ehepaar geworden. Wie vor 20 Jahren, als sie auf der Jolle mit der Schipperei begannen. Aber doch ganz anders. Damals, da hatten sie die Zukunft noch vor sich. Aber die schwimmt längst achteraus. Wie das so der Lauf der Dinge im menschlichen Leben ist.

Gustaf ist mit den Jahren wortkarg geworden. Und er reagiert oft ein wenig zu grantig, wenn Frieda an Bord nicht so „funktioniert", wie er es gern hätte. Dabei liegt es meistens daran, daß sie sich nicht gut fühlt. Mal ist es das Rheuma, mal die Seekrankheit, die sie auch nach 20 Jahren nicht loswurde. Kein Wunder, daß es oft Zoff gab auf der SINDBAD.

Vor vier Jahren hatten seine Mädchen sich sogar spontan gegen ihren Käptn verbündet und ihn dazu verurteilt, mal einige Zeit ohne sie zu schippern. Da segelte er einen Sommer lang (beleidigt!) mit „Erdöl-Max", einem zottigen Airdale-Rüden, um zu zeigen, daß es auch ohne Frauen ging. Aber ging es wirklich? Der „Große Preis" war es nicht. Dann war er mit Frieda doch besser dran. Auch wenn sein uriges Schnarchen das Bordleben mitunter etwas schwierig gestaltete.

Doch mit Schnarchopax, Seekrankheitspillen und Opodeldok (zum Einreiben von Friedas geplagtem Rücken) ließ sich letzten Endes manche Spannung entschärfen. Und wenn aus Frieda auch niemals ein richtiges Kahnweib werden würde: Kochen konnte sie jedenfalls prima! Selbst auf nur einer Flamme zauberte sie Vortreffliches auf die Back. Und sang sogar manchmal dabei — sofern sie nicht gerade spuckte.

Auf diese Weise arrangierte man sich: Julchen machte sich auf ihrer Jolle selbständig; Frieda kehrte brav auf ihren Stammplatz in der Kombüse zurück; Gustaf sagte beim Segeln artig „bitte" und „danke".

Wenn Gustaf so bedenkt: Die Jahre mit Frieda waren gar nicht so schlecht. Vielleicht sind sie wirklich ein gutes Gespann — ob nun *Eiche und Linde* oder, wie Julchen meint, *Herr und Magd*. Hauptsache ist schließlich, daß alle dabei zufrieden sind. Und das sind sie ja wohl ... Oder?

Als Prof. Möller-Meumann am Sonntagabend nebenan sein Deck aufklart, schmökt Gustaf im Cockpit der SINDBAD schweigend seine Abendpiep. Und während Frieda für ihn unter Deck ein rosa Schrumpfkotelett vom deutschen Wasserschwein in der Pfanne schmurgelt, blickt er versonnen zum Abendhimmel. Ob er da oben nicht irgendwo Gottvater Zeus herumfliegen sieht?

Dann schüttelt er den Kopf, sendet einen skeptischen Blick zu Prof. Möller-Meumann und beendet abrupt seine Nabelschau. Woför sall dat ok god sien?

WIND-WARNING